Tina Willms | Im Blickfeld des Himmels

Tina Willms

Im Blickfeld des Himmels

Inspirationen zur Jahreslosung
und den Monatssprüchen 2023

 neukirchener

Die Rechte der Texte in diesem Buch liegen bei der Autorin. Bei Interesse an einer Lesung wenden Sie sich bitte direkt an Tina Willms: tina.willms@t-online.de.

Bibliografische Information der Deutschen Nationalbibliothek:
Die Deutsche Nationalbibliothek verzeichnet diese Publikation in der Deutschen Nationalbibliografie; detaillierte bibliografische Daten sind im Internet über http://dnb.d-nb.de abrufbar.

© 2022 Neukirchener Verlagsgesellschaft mbH, Neukirchen-Vluyn
Alle Rechte vorbehalten
Umschlaggestaltung: Agentur 3Kreativ, Essen,
unter Verwendung eines Bildes von © shutterstock/photolinc
Lektorat: Viktoria Tersteegen
DTP: Breklumer Print-Service, www.breklumer-print-service.com
Verwendete Schrift: Cronos Pro, Adobe Garamond Pro
Gesamtherstellung: Finidr, s.r.o.
Printed in Czech Republic
ISBN 978-3-7615-6883-5

www.neukirchener-verlage.de

INHALT

VORWORT

„Du bist ein Gott, der mich sieht" (Genesis 16, 13). Eine Frau sagt die Worte der Jahreslosung 2023. Hagar, übersetzt „die Fremde", Magd im Haus von Abram und Sarai. Ihre eigenen Bedürfnisse zählen dort nicht. Sie wird übersehen, ja, sogar benutzt. Als sie es nicht mehr aushält, flieht sie in die Wüste. Und dort gibt es diesen Moment, in dem ihr ein Engel begegnet. Sie spürt: Gott behält mich im Blick. Ich werde gesehen, als die, die ich bin.

Wie wäre es, die eigene Wahrnehmung in diesem Jahr besonders auf Frauen zu richten? Denn immer noch werden sie übersehen, überhört, übergangen. Immer noch liegt ein weiter Weg vor uns, wenn es um die Gleichberechtigung unterschiedlicher geschlechtlicher Identitäten geht. Oft genug nehmen wir das nicht einmal wahr, weil die vornehmlich auf Männer ausgerichteten Strukturen so lange so selbstverständlich waren.

Das wünsche ich mir für 2023: Blinde Flecken sollen sehend werden. Auch und zuerst meine eigenen. Was kann ich dafür tun, dass Frauen gesehen werden, wie kann ich solidarisch und unterstützend sein? Wo kann ich mich einsetzen für Gleichberechtigung und gegen Diskriminierung jedweder Art?

Ich wünsche mir, dass viele Leser*innen mitmachen. Wir können etwas tun. Wir können Formulierungen aufdecken, die andere Menschen abwerten, können uns für gleiche Löhne einsetzen, Care-Arbeit gerecht verteilen, Podien paritätisch besetzen, unsere Sprache verändern, Maria 2.0 unterstützen, und, und, und …

Ich selbst möchte in diesem Buch für Gott wechselweise das männliche und das weibliche Personalpronomen verwenden. Wer weiß, vielleicht verändert sich etwas in dem, was ich über Gott sage und denke. Mögen Sie es mit mir ausprobieren? Ohne darüber zu vergessen, dass Gott unsere menschlichen Weisen, von ihm/ihr zu denken und zu sprechen, weit übersteigt.

Frauen sind es übrigens auch, die dieses Buch maßgeblich gemacht haben, und deren Namen hier sichtbar gemacht werden sollen:

Ruth Atkinson leitet den Neukirchener Verlag, in dem es erscheint. Viktoria Tersteegen hat es als Lektorin betreut. Miriam Gamper-Brühl von 3Kreativ, einer Bürogemeinschaft aus drei freiberuflichen Grafikdesignerinnen, hat das Cover gestaltet.

Heinke Willms hat einen Gastbeitrag geschrieben. Sie, Annette Baden-Ratz und Birgit Große waren die ersten Leserinnen und haben mir wertvolle Hinweise zur Überarbeitung gegeben.

Frauen, die mich stärken und unterstützen. So wie Frauen (aber nicht nur sie) es für Frauen tun sollten.

Ihnen gilt mein besonderer Dank.

Hameln, im Februar 2022

Tina Willms

Segenswunsch: Zum neuen Jahr

365 nagelneue Tage,
noch ungelebt.
Zeit, um sie anzufüllen
mit dem, was aussteht.

Einmal sich umsehen
im Land der Träume.
Manche sind farbenfroh,
andere schon etwas verblasst.

Ich wünsche dir den Mut,
einen Traum auszuwählen,
um ihn in diesem Jahr
ins Leben zu holen.

Wie sonst sollten
Träume denn wahr werden,
wenn nicht durch uns?

JAHRESLOSUNG 2023:
Im Blickfeld des Himmels

„Du bist ein Gott, der mich sieht."
GENESIS 16, 13 (L)

Wahrgenommen und gewürdigt

Hagar, übersetzt: „die Fremde". Das ist vermutlich kein Name, den sie selbst gewählt hat. Wer würde sich schon selbst „die Fremde" nennen? Diesen Namen vergeben andere: die, die dazugehören. Zu einer Familie, einer Stadt, einem Land. Die Fremden aber, sie gehören nicht dazu. Sie kommen von außen, und manchmal sind sie weder erwünscht noch eingeladen. Sie sollen draußen bleiben und möglichst nicht stören.

Einander vertraut zu werden beginnt mit dem Namen. Wenn wir uns einander vorstellen und näherkommen. Unsere Geschichte erzählen. Zeigen, was wir lieben und was uns verletzt.

Hagar, die Fremde.

13

Sie wohnt zwar im Haushalt von Abram und Sarai[1], doch braucht sie keinen Namen, der sie zu einer Persönlichkeit werden ließe. Der Stempel „fremd" reicht aus.

Einer Fremden kann man zumuten, was sonst liegenbliebe: die Drecksarbeiten, die hässlichen Worte, die Demütigung.

Man muss sich nicht weiter einfühlen in sie. Nein, man kann sie benutzen für eigene Zwecke.

Dabei haben Abram und Sarai es selbst erlebt, wie es war, fremd zu sein. Wegen einer Hungersnot waren sie nach Ägypten gezogen. Und weil Sarai eine so schöne Frau war, bekam Abram Angst, den Neid der Einheimischen auf sich zu ziehen. Ja, er befürchtete sogar, getötet zu werden. Darum hatte er Sarai als seine Schwester ausgegeben. Und so meinte der Pharao, er könne sie zu sich nehmen und über sie verfügen.

Das alles scheinen die beiden vergessen zu haben.

Denn jetzt nutzen sie selbst eine Fremde aus: Hagar muss ihnen dienen, sie wird Sarais Magd.

Sie ist ihrer Herrin nah, ohne ihr nahekommen zu dürfen. Sie erlebt auch mit, wie sehr Sarai sich ein Kind wünscht. Wie sie Monat für Monat enttäuscht und traurig ist: Wieder nicht schwanger. Und die Uhr tickt.

Da kommt Sarai auf die Idee, nicht nur über Hagars Dienste, sondern auch über ihren Körper zu verfügen, als Hülle für die eigenen Zwecke: „Geh du doch zu meiner Magd", sagt sie zu Abram, ihrem Mann, „ob ich vielleicht durch sie zu einem Sohn komme?" (Genesis 16, 2b). „Und Abram gehorchte der Stimme Sarais" (Genesis 16, 2c).

Hagar wird nicht gefragt, ob ihr der fremde Mann recht ist. Er schläft mit ihr, Genaueres erfahren wir nicht. War er zumindest ein wenig zärtlich, war es eher eine technische Angelegenheit oder ging es gar gewaltsam zu?

---

1 Abram und Sarai bekommen von Gott später neue Namen (siehe Genesis, Kapitel 17) und werden Abraham und Sara genannt.

Der Plan jedenfalls geht auf: Hagar wird schwanger, ihr Bauch schwillt an, ein Kind wächst darin.

Mühelos scheint ihr zu gelingen, was bei Sarai nicht klappen wollte. Als sei es das Einfachste von der Welt.
Und das macht sie größer. Größer als ihre Herrin, in einem Punkt jedenfalls. Hagar ist stolz, geht aufrecht und traut sich nun was.

Sarai kommt in eine verzwickte Lage. Es soll ja ihr Kind werden, dieses Baby, das in Hagar wächst. Ein Familienmitglied, das dazugehört, anders als die Frau, die es austrägt.

Ihre Magd hingegen kann Sarai nicht ausstehen. Diese Arroganz, diese Überheblichkeit. Lebende Erinnerung an die eigene Unzulänglichkeit: Schau, Sarai, was ich kann, kannst du nicht. Du, Sarai, bist unfruchtbar.

Eines Tages siegt Sarais Zorn. „Ich halte das nicht mehr aus", sagt sie zu ihrem Mann.
„Siehe, deine Magd ist unter deiner Gewalt; tu mit ihr, wie dir's gefällt", antwortet Abram (Genesis 16, 6).
Und Sarai – so heißt es – demütigte ihre Magd. Auch hier erfahren wir nichts Genaues. Doch scheinen sich hinter diesen wenigen Worten solch dramatische Szenen abgespielt zu haben, dass Hagar für sich keinen anderen Ausweg sieht, als vor ihrer Herrin in die Wüste zu fliehen.
Selbst der lebensfeindlichste Ort scheint besser zu sein als das, was sie im Haus von Sarai und Abram ertragen muss.

Nun ist sie allein. Und schwanger dazu. Wo soll sie nur hin? Erbarmungslos brennt die Sonne vom Himmel. Die Kehle wird trocken, Hagar vergeht fast vor Durst.
Schließlich findet sie eine Wasserquelle, und an dieser Quelle findet ein Engel sie auf.

15

Endlich, nun endlich kommt also Gott ins Spiel. Durch einen seiner Mittler macht er sich bemerkbar. Und endlich nennt einer Hagar bei ihrem Namen:

„Hagar, Sarais Magd, wo kommst du her und wo willst du hin?"
(Genesis 16, 8).

Nachdem Hagar ihr Leid geklagt hat, nachdem sie die ganze Geschichte erzählt hat, sagt der Engel zu ihr:

„Kehre wieder um zu deiner Herrin und demütige dich unter ihre Hand"
(Genesis 16, 9).

Zurück also soll sie, zurück in die alten, erniedrigenden Strukturen.

Hagar widerspricht nicht. Sie ahnt vielleicht schon, dass sie dort nun eine andere sein wird als vorher. Denn sie ist nun gesehen worden, Gott selbst hat sich mit ihr vertraut gemacht. Das verleiht ihr Würde und Wert.

Doch dabei belässt der Engel es nicht: Er richtet ihr von Gott aus, dass der auch künftig an sie denken und ihren Namen groß machen wird:

„Ich will deine Nachkommen so mehren, dass sie der großen Menge wegen nicht gezählt werden können" (Genesis 16, 10).

Die als „Fremde" titulierte, sie trägt ihr Kind nicht länger für eine andere aus, nein, sie selbst wird zur Stammmutter einer unermesslichen Nach-kommenschaft werden.

Hagar ist nicht mehr „die Fremde", die man getrost übersehen und ver-zwecken kann. Gott selbst hat sie im Blick, er sieht sie, nimmt sie wahr und würdigt sie.

Bevor Hagar sich auf den Weg zurück macht, verleiht sie nun ihrerseits Gott einen Namen:

„Du bist ein Gott, der mich sieht" (Genesis 16, 13).

Anders gesagt: Name

Den Moment, in dem jemand mich zum ersten Mal bei meinem Namen nennt, empfinde ich als etwas Besonderes. Ich werde herausgehoben aus der Menge derer, die fremd bleiben.
Ich werde angesehen, jemand verleiht mir Ansehen.

Eine*r nimmt eine Beziehung zu mir auf. Manchmal ist es nur eine kurze Verbindung, auf einem Fest oder in einem Geschäft. Wir lösen uns schnell wieder voneinander. Doch erkennen wir einander nun, wenn wir uns anderswo begegnen. Ein Kopfnicken, ein kurzes „Hallo".
Manchmal beginnt mit dem Nennen des Namens eine lange Freundschaft. Ich werde zugehörig, nach und nach.
Wir schenken einander Vertrauen, werden vertraut miteinander.

„Ich habe dich bei deinem Namen gerufen; du bist mein" (Jesaja 43, 1b (L)), dieser Bibelvers wird sowohl bei der Taufe als auch bei einer Trauerfeier oft gelesen.
Gott erklärt mich für zugehörig. Eine Freundschaft beginnt, die mich durchs Leben trägt – und darüber hinaus.

In der Fremde willkommen sein[2]

Fliehen müssen. Die eigene Wohnung auflösen. Habseligkeiten zusammenpacken, das Wenige, was dich auch in einer anderen, fremden Umgebung ein wenig zu Hause sein lässt. Am Kai stehen oder auf dem Flughafen, ohne zu wissen, wohin der Weg führen wird.

Die Dichterin Hilde Domin hat das erlebt. 1939 flieht sie, die jüdische Wurzeln hat, mit ihrem Ehemann vor den Nationalsozialisten aus Deutschland, zunächst nach England, ein Jahr später in die Dominikanische Republik.
Da heißt sie noch Hilde Palm. In Santo Domingo schreibt sie 1951, bereits 42 Jahre alt, ihr erstes Gedicht. Nun gibt sie sich einen Künstlernamen, in dem die Verbundenheit mit dem Ort ihres Exils anklingt: Sie nennt sich Hilde Domin.

Heimat ist ein Thema, das immer wiederkehren wird in den Gedichten von Hilde Domin. Ihr geht es wie vielen Menschen, die einmal entwurzelt wurden. Die Grundfrage „Wo bin ich zu Hause?" begleitet sie ein Leben lang.

Im Gedicht „Apfelbaum und Olive" beschreibt Hilde Domin das Gefühl, in der Fremde willkommen zu sein, weil es dort Menschen gibt, die nicht nur ein Zimmer zur Verfügung stellen, sondern auch das Leben mit den Fremden zu teilen verstehen. Die Küche und die Katze, das Fahrrad, den Weg zum Milchbauern und die eigene Geschichte.

Wie anheimelnd ist es, zu wissen, wo die Teller und die Tassen stehen. Als sei es das eigene Zuhause. Wie tröstlich ist es, mit dem Fahrrad zum

---

2   nach: Hilde Domin: Gesammelte Gedichte © S. Fischer Verlag, Frankfurt am Main, 9. Auflage 2003, S. 14.

Bauern zu fahren, die Milchkanne in der Hand, deren Deckel man selbst verloren haben könnte. Als sei es die eigene Geschichte.

Wenn ich das Gedicht mit dem verknüpfe, was Hilde Domin selbst erlebt hat, wenn ich also wage, es autobiografisch zu lesen, dann frage ich mich:

Wie haben wohl ihre Gastgeber die fremde Frau wahrgenommen, die geflüchtet war? Vermutlich zunächst als einen Menschen, der ein Obdach braucht.
Ahnten sie, was die zierliche Frau selbst noch gar nicht wusste: Dass auch eine Dichterin in ihr steckt?

In den Bildern des Gedichts wird offensichtlich, dass die Menschen mit einer Heimat sich eingelassen haben auf den Gast, der keine mehr hatte. Sie empfanden ihn nicht als Eindringling, den sie möglichst bald wieder loswerden wollten.
Sie fühlten sich ein. Was braucht jemand, der fliehen musste, um zumindest ein wenig zu Hause zu sein?

Ich stelle mir vor, wie die fremden Menschen einander vertraut geworden sind. So wie es auch heute noch geschieht, wenn Einheimische jene willkommen heißen, die geflüchtet sind aus dem eigenen Land.
Bald kommt es einem so vor, als kenne man das Gesicht und die Gesten des Gegenübers schon lange. Aus dem, der Hilfe nötig hat, wird ein Mensch mit einer eigenen Geschichte, die erzählt werden will.
Und manchmal entfaltet sich eine Begabung, von der niemand etwas ahnte und die sich als einzigartig erweist.

(aus: Tina Willms: Momente, die dem Himmel gehören. Gedanken, Gedichte und Gebete für jeden Tag. © 2021 Neukirchener Verlagsgesellschaft mbH, Neukirchen-Vluyn, S. 242-244.)

Bereichernd

Was mir fremd ist, nicht in die Wüste schicken.
Es ansehen, befragen und mich damit auseinandersetzen.
Mich vertraut damit machen, es ertragen, ja, vielleicht gar lieben lernen.
Es in Worte fassen, ihm einen Namen geben.
Vielleicht gebiert es neue Möglichkeiten, die ich pflegen und nähren kann.
Eine weitere Facette des Lebens und seiner Vielfalt.

Gebet: Zukunft und Hoffnung

Gott, du Quelle des Lebens,
wenn ich am Ende bin,
namenlos,
ohne zu wissen,
wer ich bin.
Erschöpft,
ohne zu wissen,
wohin.

Dann lass mich
im Spiegel nicht nur
mein eigenes Bild
sehen müssen von mir.

Hilf mir,
deins wahrzunehmen,
das einer Vision ähnelt.

Einen neuen Namen
verleihst du mir
und schenkst mir
Zukunft und Hoffnung.

Schaut hin!

Umrisse, aufgezeichnet auf den Steinen, rote Spuren wie von Blut, ein Polizeiauto, ein Infostand. Frauen in weißen Gazeanzügen verteilen Flyer. Es ist der 25. November, der Tag gegen Gewalt an Frauen.

Jede dritte Frau ist betroffen von Gewalt, lese ich auf einem Plakat. Ich schaue mich um, hier stehen vielleicht dreißig Frauen, ich zähle durch, die Zahl bekommt Gesichter. Über sechshundert Frauen waren es im vergangenen Jahr in unserem Landkreis, und das waren ja nur die, die gemeldet wurden.

Gewalt gegen Frauen – dazu zählt all das, was Frauen nicht möchten, erklärt eine der Anwesenden im Gazeanzug.
Es beginnt mit den vermeintlich „kleinen" Übergriffen. Pfiffe vom Baugerüst, Hupen im Vorbeifahren. Anzügliche Bemerkungen, sexistische Witze, der Klaps auf den Hintern. Eine männliche Weise, um Dominanz und Macht zu zeigen.
In alten Filmen noch gang und gäbe. Spiegel einer patriarchalen Gesellschaft, die Frauen verbot, ohne Erlaubnis des Ehemannes arbeiten zu gehen. Einer Zeit, in der Sex als eine der „ehelichen Pflichten" im Gesetz genannt wurde.

Ich gehe zum Infostand, dort liegen Flyer von der Opferschutzorganisation „Weißer Ring", vom Frauenhaus, von der Polizei:

Die meisten und brutalsten Gewalttaten geschehen zuhause, erfahre ich, hinter verschlossenen Türen. Da tyrannisieren Männer ihre Frauen, werten sie ab, schüchtern sie ein, schlagen, treten, vergewaltigen sie. Oft erleiden die Frauen ein jahrelanges Martyrium, viele schaffen es erst nach vielen Jahren, sich zu trennen. Viel zu viele schaffen es gar nicht.

Jene, die den Mut dazu endlich aufbringen, sind besonders gefährdet. An jedem dritten Tag geschieht in Deutschland ein Femizid, eine Frau wird ermordet, oft von dem Mann, den sie verlassen hat.

Ich bin erschüttert, als ich mich auf den Weg nach Hause mache.

„Schaut hin!" Ich möchte es am liebsten laut herausschreien.

Jede dritte Frau! Mit ziemlicher Sicherheit kenne ich, kennen Sie eine von ihnen.

Hilfetelefon „Gewalt gegen Frauen": 08000-116016

Segenswunsch: Vom Himmel geschickt

In den Wüstenzeiten des Lebens
wünsche ich dir Menschen,
die dich aufsuchen
und bei deinem Namen nennen.

Sie nehmen wahr,
was du brauchst:
Wasser und Brot,
ein offenes Ohr,
eine helfende Hand.

Als habe sie
der Himmel geschickt.

Sie bleiben dir nah,
bis dir neue Kräfte wachsen
und du den Weg sehen kannst,
der dich zurückführt
in die Fülle der Welt.

JANUAR:
Am Anfang ein „Sehr gut!"

Gott sah alles an, was er gemacht hatte: Und siehe, es war
sehr gut.
GENESIS 1, 31 (E)

Sehr gut!

Am Anfang, ganz am Anfang in Gottes Atelier: An die Wände sind Ent-
würfe gepinnt, Bilder von dem, was werden soll. Eine Palette liegt auf
dem Tisch, daneben Pinsel in allen Größen und Farben. In einer Ecke
steht eine Werkbank, Hobel, Hämmer, Schraubenschlüssel und Feilen
hängen darüber an der Wand. Auf dem Schreibtisch gegenüber befindet
sich eine Skizze, Tonklumpen liegen herum, halbfertige Skulpturen stehen im Raum.

Und Gott? Berechnet und strukturiert, modelliert, mischt Farben an und
macht sich ans Werk.
Vieles gelingt ihr auf Anhieb: Der Stieglitz gefällt ihr, die Heckenrosen
und der glitzernde Schnee. An anderem probiert sie lange herum. Die
Grüntöne der Blätter sind etwas durcheinander geraten und die Farbe des
Mohns erscheint ihr fast zu kräftig. Der Elch widersetzt sich ihren Vor-
stellungen. Und ist beim Alpaka der Kopf nicht zu klein geraten?

Liebevoll arbeitet sie an Details, verstärkt Kontraste, zieht eine Linie nach, ergänzt einen Pinselstrich. Mit manchem findet sie sich ab, lässt dem Elch seinen Willen; den Delfin findet sie sogar besser als ihren eigenen Entwurf.

Schließlich lehnt sie sich zurück und denkt nach. Nun muss noch Leben in die Bude, denkt sie. Alles soll in Bewegung geraten. Und sie tut einen letzten kleinen Funken dazu.

Da beginnt ein Herz zu klopfen, ein Augapfel zu rollen und ein Fuß sich zu bewegen. Der Ameisenbär tappt umher und das Reh hüpft davon. Im Garten fangen Gräser zu wachsen an und Blüten öffnen sich.

Gott schaut alles an. Wie verzaubert ist sie. Sie kann sich nicht sattsehen am Leben, das dort krabbelt und kriecht, rennt und hüpft; an den Pflanzen, die wuchern und wachsen und an den Menschen, die ihr so ähnlich sind. Besser geht es nicht.
Und so verleiht sie dem, was durch ihre Hände entstanden ist, ein Prädikat: Sehr gut!
Und dann lässt sie los. Sie gibt dem, was sie geschaffen hat, Freiheit und Autonomie.

Zugegeben: Das ist eine recht menschliche Vorstellung von Gott.
Wie es tatsächlich war, am Anfang von Zeit und Raum, am Beginn der Welt, darüber gibt es verschiedene Theorien und Meinungen:
Zufall? Urknall? Eine schöpferische Hand? Für mich ist eigentlich alles unvorstellbar.

Staunend stehe ich unter dem Sternenhimmel und kann nicht fassen, wie groß er ist. Unglaublich, dass ich Lichter sehe, die lange schon erloschen sind. Andere nehme ich gar nicht wahr, weil ihre Strahlen noch Jahre brauchen, bis ein menschliches Auge sie entdecken kann.
Und was ich da über mir bestaune, ist nur ein kleiner Ausschnitt, winzig, wenn man ihn misst an der unendlichen Weite des Alls.

Und ebenso verwundert verfolge ich die kleinen Dinge. Einen Sommer lang beobachte ich, wie sich aus dem Froschlaich im Teich Kaulquappen entwickeln und Monate später am Ufer die winzigen, noch langgestreckten Frösche hüpfen. Wie sich vor meinem Fenster kleine Triebe aus dem Boden wagen, Blätter sprießen und Blüten sich entwickeln. Auch in den kleinen Dingen steckt ein so großes Wunder!

Ich mag die Vorstellung, dass eine da ist, die sich das ausgedacht hat und sich daran erfreut. Und so lasse ich mich hineinfallen in die alten biblischen Bilder und schwelge darin. Ich sehe Wasser und Land sich scheiden, entdecke Lichter, an den Himmel gehängt. Dann wachsen Gräser und Kräuter, Büsche und Bäume. Tiere treten ins Leben. Und die Erde wird farbig, als blaue Murmel schwebt sie filigran und fragil durch das All.

Mir Gottes Atelier vorzustellen, erinnert mich zugleich an das, was ich selbst zu gestalten versuche.
Manchmal spüre ich förmlich, wie Gott mir Anteil gibt an ihrer schöpferischen Kraft. Ab und zu scheint mir, sie mische ein wenig mit. Als leite sie meine Hände und bringe die zündenden Ideen ins Spiel. Oder lasse Gedanken vom Himmel fallen, die über meine hinausgehen.

Und dann dieser Moment, wenn ein Werk fertig ist. Da trete ich einen Schritt zurück, um auf das Ganze zu schauen. Und manchmal, da geht es mir wie ihr am Anfang von Allem:
Was ich erschaffen habe, gefällt mir. Einiges ist genauso, wie ich es mir vorgestellt hatte. Manches ist anders als gedacht. Anderes ist sogar besser als meine Idee davon.

Und ich, ich staune über das, was entstanden ist.
Und stimme ein in Gottes Worte:
Sehr gut!

Gebet: Zufrieden sein

Gott, Quelle des Lebens,
manchmal stelle ich mir vor,
wie du da sitzt und ausruhst
am siebten Tag.

Du schaust auf das,
was du geschaffen hast.

Licht, das dich
zum Leuchten bringt.
Farben, die dich
strahlen lassen.
Leben, das dich
lieben lässt.

„Sehr gut", denkst du.
Und ich sehe
dein glückliches Gesicht.

Guter Gott,
zur Ruhe kommen,
zufrieden sein,
auch mit mir selbst,
das möchte ich lernen
von dir.

Beginnen

Am Anfang schuf Gott den Rhythmus des Lebens. Sommer und Winter, Tag und Nacht schwingen in einem verlässlichen Takt.

Ob es das ist, was mir Mut macht, neu zu beginnen? Etwas bleibt, ist verlässlich da und grundiert mein Dasein. Auch dann, wenn sich mein Leben verändert, ja, sogar, wenn ich mich neu erfinden muss, gehe ich nie ins ganz Ungewisse. Bei allem, was anders wird, gibt es diesen Rhythmus, an den ich mich halten kann und der mich hält. Ich erfinde vielleicht eine neue Melodie, doch der Takt war schon lange vor mir da.

Und wer weiß, vielleicht schwingt Gott ja selber darin mit: Ich mit ihr, sie mit mir.

Am Ende: der Satz vom Anfang

Das wünsche ich mir:
Mein eigenes Leben als Geschichte zu erzählen, über der dieser Satz vom Anfang steht wie eine Überschrift: Siehe, es war sehr gut!
Denn auch meine Lebensgeschichte will gestaltet werden. Wie ich sie erzähle – und Erzählen geschieht immer im Nachhinein –, liegt allein bei mir.

Manches lasse ich weg, anderes schmücke ich aus. Ich versuche Formulierungen zu finden, die möglichst genau das treffen, was ich erlebt habe und empfinde. Und ich möchte versuchen, in möglichst vielem einen Sinn zu sehen, damit es nicht vergeblich war.

Das ist herausfordernd, denn es bedeutet, immer wieder innezuhalten, so wie Gott es nach der Schöpfung tat. Mir Zeit zu nehmen, um auszuruhen; aber auch, um anzuschauen, was gewesen ist und darüber nachzudenken. Und zu überprüfen, ob ich mein Leben so erzähle, dass ich ehrlich und glaubwürdig bin.

Darum frage ich mich:

Wo habe ich beim Erzählen die Schwerpunkte gesetzt? Stimmen sie so?

Würdige ich das, was mir gelungen ist oder wische ich es mit einer Handbewegung beiseite, als sei es der Rede nicht wert?
Oder lasse ich umgekehrt weg, was nicht geklappt hat und erzähle selbst unter Freund*innen nur von dem, was gelungen ist? So als müsse selbst Gott sich vor mir verneigen und Beifall klatschen.
Mache ich mich kleiner oder größer als ich bin?

Gibt es Passagen, die mir zu bitter geraten sind?

Wenn ich gescheitert bin, wie gelingt es mir, trotzdem auch das zu sehen, was wertvoll war? Ich möchte von einer zerbrochenen Freundschaft nicht so erzählen, als habe es darin nie etwas Gutes gegeben.

Nein, ich will mich auch an das andere erinnern, will die ehemalige Freundin oder den einstigen Partner respektieren, dankbar sein für das, was uns gelungen ist.

Und wie gehe ich mit meinen Träumen von damals um? Nehme ich wahr, wenn sie sich erfüllt haben oder erscheint mir das als selbstverständlich?

Was hilft mir, die Wünsche loszulassen, die unerfüllt blieben?

Was anders war als erträumt, hat Neues möglich gemacht, ja, vielleicht trägt es sogar eine eigene Schönheit in sich.

Kann ich auch in schweren Zeiten einen Sinn sehen und ein „Trotzdem" formulieren?

Die Geschichte meines Lebens soll kein Schwarzweißfilm werden. Sie soll farbenfroh sein und facettenreich, so wie das Leben selbst.

Darum will ich sie immer wieder überdenken und überarbeiten. Manchmal hilft es mir, andere zu fragen, was sie sehen und dazu meinen. Und dann erzähle und gestalte ich noch einmal neu, damit ich der Wahrheit nahekomme und meine Geschichte glaubwürdig ist.

Diese Hoffnung möchte ich mir bewahren: Dass der letzte Satz ein vollendeter ist, und ein vollendender. Dass Gott den Punkt hinzufügt, der meinem Leben Gelingen verleiht.

Und mich dann hineinnimmt in den Anfang, als sie sich gestattet, auszuruhen und zurückzuschauen, um sich zu freuen an dem, was geworden ist: Siehe, es war sehr gut!

Schöpfung

Wieder und wieder
einen Anfang träumen.

Leise einstimmen
in das große „Es werde".

Entwerfen, gestalten,
sich mühen und freuen.

Am Ende loslassen.
Und staunen.

Segenswunsch: Sehr gut

Ich wünsche dir,
dass du gelegentlich
mit Freude auf das schaust,
was entstanden ist
durch deine Ideen,
deine Mühe,
deine Hände.

Wie gut, dass es dich gibt.

Heute ist heute:
Nimm dir Zeit,
auszuruhen und zu genießen.

Und morgen, morgen erst
geht es mit frischen Kräften
wieder ans Werk.

FEBRUAR:
Gemeinsam lacht es sich am besten

Sara aber sagte: Gott ließ mich lachen.
GENESIS 21, 6 (E)

Ende gut – alles gut?

Seltsam, diese Männer. Ganz plötzlich sind sie aufgetaucht. Abraham hat
Sara angewiesen, sie zu bewirten. Schnell hat sie ein Brot gebacken, hat
ein Kalb zubereitet, dazu Butter und Milch.
Nun speisen die drei draußen mit Abraham. Sara selbst ist im Zelt geblieben und hört ihr Gemurmel. Nicht alles versteht sie. Sie spitzt die Ohren:

In einem Jahr, sagt der eine, wollen sie wieder kommen. Dann soll sie,
Sara, einen Sohn haben.

Da kann Sara nicht an sich halten. Ein lautes Lachen bricht aus ihr heraus – kein Freudenlachen, eher ein ungläubiges:
Ich? Ein Kind bekommen? Lächerlich! Kann gar nicht sein. Ich bin schon
jenseits der Wechseljahre. Niemals!

Das Lachen: es durchzieht die Geschichte von Isaak.

Auch Abraham lacht, als ihm zum ersten Mal angekündigt wird, er werde einen Sohn bekommen (Genesis 17, 17).
Und nun Sara. Sie glaubt, niemand habe es gehört. Und als sie darauf angesprochen wird, streitet sie es ab.

Doch es kommt, wie die Männer gesagt haben. Sara wird schwanger und bringt einen Sohn zur Welt.
„Gott ließ mich lachen", sagt sie. Ende gut – Alles gut?

Nein, so ist es nicht. Denn Saras Lachen ist kein reines Lachen, aus purem Glück, so wie diese Übersetzung in der Einheitsbibel es vermuten ließe.

Man könnte auch anders übersetzen: „Gott hat mir ein Lachen zugerichtet, denn wer es hören wird, der wird über mich lachen" (Luther 2017).
Hier klingt es so, als habe Gott Sara lächerlich gemacht.

Vielleicht macht es die Glaubwürdigkeit der biblischen Geschichten aus, dass sie Menschen nicht als Heilige stilisieren. Nein, die Erzväter- und mütter des Glaubens sind durch und durch menschlich und fehlbar. Das gilt auch für die Geschichte von Abraham, Sara und ihrer Magd Hagar (siehe Kapitel 1).

Sara ist furchtbar gemein zu Hagar. Gleich zweimal sorgt sie dafür, dass ihre Magd in der Wüste landet (Genesis 16, 6ff., 21, 8ff.).
Hagar: Wie überheblich sie ist (Genesis 16, 4). Schau, bei mir hat es gleich geklappt. Ich kann, was du nicht kannst! Schwanger werden.
Und schöner als Abraham kann man sich wohl kaum aus der Verantwortung ziehen: Entscheide du, Sara! Wenn du es willst, schwängere ich deine Magd (Genesis 16, 2). Und später sagt er: Mach du mit Hagar, was du für richtig hältst (Genesis 16, 6). Nach dem Motto: Ich halte mich da raus.

Auch der patriarchal geprägte Hintergrund, vor dem diese Erzählungen entstanden, scheint wieder und wieder durch. Männer dürfen mehrere Frauen haben. Hierarchien bleiben unhinterfragt: Mit einer Magd können Herr und Herrin verfahren, wie sie wollen. Nicht nur die Arbeitskraft, auch ihr Körper steht zur Verfügung.

Die biblischen Erzählungen sind menschliche Geschichten.
Und wir sollten nicht der Versuchung unterliegen, nur die schönen und heilen Ausschnitte zu sehen, um sie zu unfehlbaren und unhinterfragbaren Wahrheiten zu machen. Sie sind ebenso wenig vom Himmel gefallen wie die Menschen, von denen sie erzählen.

Anstößig sind diese Erzählungen. Nicht so rein, wie wir sie vielleicht gerne hätten.
Darin ähneln sie dem Lachen Saras.
Freude über das Kind ist darin. Weil die Geschichte so gut ausging. Aber auch Bitteres über ihren Verlauf, in dem Sara manchmal lächerlich erscheint. Mutter im Großmutteralter.

Am Ende prägt dieses Lachen, das die ganze Geschichte durchzieht, gar den Namen des Kindes: Isaak. Auch der ist nicht eindeutig, sondern lässt sich unterschiedlich übersetzen:
„Gott hat gelacht", „Gott hat gescherzt", „Gott hat zum Lachen gebracht".

37

Frag-Würdig

Die alten Geschichten, sie sind frag-würdig:
Würdig, befragt zu werden und auch hinterfragt zu werden.

Wir können die Perspektiven wechseln. Wie klingt diese Geschichte aus einer anderen Sicht? Jede Person würde sie unterschiedlich erzählen.

Wie hört sie sich an, wenn wir versuchen, sie ins Heute zu übertragen? In unsere Zeit mit veränderten Gegebenheiten und neuem Wissen?

Aus möglichst vielen Blickwinkeln zu schauen, verunsichert und macht die Sache kompliziert.

Und die Wahrheit? Sie bleibt unscharf, ja, sie scheint oft sogar unschärfer zu werden, je differenzierter und genauer wir schauen.
Und doch kommen wir ihr vielleicht nur auf diese Weise näher, ja, manchmal vielleicht sogar nah.

Gebet: Eindeutig

Gott,
ich bin vorsichtig darin geworden,
von dir und deinen Taten zu reden.

Kaum vorstellbar,
dass das Gute unvermittelt
aus deiner Hand
vom Himmel fällt.

Wäre es so, dann frage ich sofort:
Warum nur auf die einen
und nicht auf alle?

So eindeutig scheint mir
das Leben nicht zu sein.

Eindeutig aber bist du,
hast dich festgelegt
und lässt dich finden,
mitten unter uns,
wenn wir leben
in deiner Liebe,
in dir.

Rollenspiel

Im Bibliodrama werden biblische Geschichten nachgespielt. Die Teilnehmenden schlüpfen in die Figuren hinein und übertragen sie zugleich in die Gegenwart.
Die alten Gestalten kommen ins Gespräch miteinander und dabei fließt ein, was die, die sie spielen, denken und fühlen. Die Rollen von damals verweben sich mit Gedanken und Erfahrungen von heute.

Wie ist es für Sara, kein Kind bekommen zu können? Zu erleben, wie ihr Mann zu einer anderen geht? Auf ihr Betreiben hin, ja, aber dennoch?

Wie fühlt Hagar sich? Sie wird gar nicht gefragt, was sie davon hält, dass Abraham mit ihr schlafen soll, um ein Kind für Herr und Herrin auszutragen.

Und was ist eigentlich mit Abraham? Er steht da, zwischen den beiden Frauen, als Patriarch, der entscheiden muss – und schiebt die Verantwortung von sich weg.

Was die Bibel in wenigen Worten, ja, manchmal fast lapidar erzählt, gewinnt nun Gestalt. Es wird spürbar am eigenen Leib. Mit allen Facetten, Ambivalenzen und Problemen.
Schnell wird deutlich: So einfach, wie es sich in einer zu Worten gewordenen Geschichte darstellt, ist es nicht.

Im Rollenspiel muss ich mich mit den anderen auseinandersetzen. Ich kann nicht einfach so über das, was sie fühlen, denken und sagen, hinweggehen. Und so geht es manchmal anders aus als in der Bibel.

Hagar will nicht zu Abraham, um sich schwängern zu lassen. „Du spinnst wohl", sagt sie zu Sara, „Den Vater meines Kindes suche ich mir selber aus!"

Sara aber besteht darauf: „Ich bin deine Herrin", sagt sie. „Du tust, was ich sage!"
Als Hagar zu weinen beginnt, spürt Sara, wie gemein sie ist.

Und sie erinnert sich plötzlich an diesen einen Abend in Ägypten, als Abraham sie wegen ihrer Anmut als seine Schwester ausgegeben hatte, um keinen Neid auf sich zu ziehen.
Da verlangte der Pharao nach ihr, weil sie so schön war. Sie wusste, was das bedeutete. Welche Angst hatte sie ausgestanden! Wie furchtbar war es, diesem fremden Mann ausgeliefert zu sein! (Genesis 12, 10ff.).
Da muss auch Sara weinen. Sie spürt ihre Angst von damals und zugleich diese Sehnsucht, die niemals aufgehört hat. „Ich möchte so gerne ein Kind!", schluchzt sie.

Hagar fühlt, wie es sein muss, kein Kind bekommen zu können. Monat für Monat enttäuscht zu sein. Und um sich herum die Frauen, die schwanger werden und sich stolz über den runden Bauch streichen. Schließlich die Wechseljahre, die es zur Gewissheit machen: Ich werde kein eigenes Kind bekommen.
Sie entwickelt Mitleid für Sara.

Und dann verbünden die beiden sich. Das machen wir nicht mit! Frauenpower gegen patriarchale Strukturen.
Abraham ist ganz froh darüber. Er hat ohnehin keine Lust, mit einer anderen Frau zu schlafen, nur um Nachwuchs zu bekommen.

Und Gott?
Gebannt verfolgt er das Spiel der anderen, denn er selbst hat nichts zu tun. Sein Spielraum schwindet: Er muss Hagar nicht aus der Wüste retten, muss nicht mehr eingreifen, um, was schlecht begann, zum Guten zu wenden. Er muss nicht mehr ausbügeln, was Menschen angerichtet haben.

Die Menschen haben es selbst verstanden. Sie haben gelernt sich einzufühlen, die Position des/der anderen zu sehen und nach einer gemeinsamen Lösung zu suchen.

Und das mit dem Nachwuchs? Da wird sich ein Weg finden lassen, denkt er, und lehnt sich erleichtert zurück.

Am Ende des Bibliodramas wird keine der Figuren lächerlich gemacht. Gemeinsam besprechen die Teilnehmenden noch einmal, wie sie ihre Rollen empfunden haben. Die Einwände und Zweifel werden in die alten Geschichten eingetragen. Ambivalenzen und Vielschichtigkeiten bekommen ihren Raum. Das macht es nicht einfacher, aber lebendiger.

Alle sind sich einig: Es war befreiend, die Geschichte zu hinterfragen, sie neu zu erzählen und anders ausgehen zu lassen. So lacht zum Schluss nicht nur Sara, sondern alle lachen gemeinsam.

Was sind wir?

Ich finde Fragen interessanter als Antworten. Antworten finde ich nur dann interessant, wenn sie neue Fragen aufwerfen.
Fragen bringen die Welt voran.
Zweifelnde legen ihr den Finger in Wunden. Spinner halten sie in Schwung. Visionärinnen verändern ihr Gesicht. Träumende machen wahr, was unmöglich erschien.

Letztgültige Antworten, absolute Wahrheiten aber wären der unbarmherzige Tod von Neugier und Fantasie.
Sicher, sie verlocken damit, Orientierung zu geben. Wer sehnt sich nicht manchmal nach einem vorgezeichneten und sicheren Weg?

Den aber gibt es nicht. Ich jedenfalls glaube nicht, dass wir Marionetten eines Gottes sind, der für jeden und alles einen Plan hat. Der wäre ja allenfalls für die, die glatt durchs Leben kommen, ein guter Hirte. Für die Leidenden könnte er nur als Zyniker erscheinen.

Was aber sind wir dann?
Manchmal komme ich mir vor wie eine Seiltänzerin, die über schwindelerregendem Abgrund die Balance zu halten versucht. Ermutigt allein durch die Hoffnung, dass einer mich auffängt, wenn ich falle.

Segenswunsch: Närrisch

Ich wünsche dir den Mut
dich hin und wieder
zum Narren zu machen
und laut zu lachen über dich selbst.

Ich wünsche dir Freude daran,
dich auszuprobieren
in neuen Rollen.

Vielleicht entdeckst du
gerade im Anderen
verborgene Seiten,
die verlockend sind
und mit denen du
dich anfreunden kannst.

Spielarten des Lebens,
die dich überraschen
und bereichern.

MÄRZ:
Was überdauert

Was kann uns scheiden von der Liebe Gottes?
RÖMER 8, 35 (E)

Nichts?

Nichts!, behauptet Paulus.
Nichts kann uns scheiden von der Liebe Gottes.
Nichts? Wirklich gar nichts?
Ich kann das kaum glauben.

Unter Menschen gibt es so viele Scheidungsgründe.
Wie viele Menschen habe ich im Laufe meines Lebens aus den Augen
verloren. Eine Freundin ist weggezogen, am Anfang haben wir einander noch ab und zu besucht. Doch irgendwann merkten wir: Wir haben
immer weniger, worüber wir miteinander reden können. Nicht nur die
Kilometer sind es, die uns voneinander trennen, auch innerlich haben wir
uns voneinander entfernt.

Wie viele Paare kenne ich, die sich voneinander getrennt haben. Am Anfang war alles perfekt. Hochzeit wurde gefeiert, ein großes Fest. Glücklich schauten die beiden sich in die Augen. Dann schlich sich mehr und mehr der Alltag ein und mit ihm der Streit. Und später die Stille. Jede*r ging die eigenen Wege. Und schließlich entschieden sie: Miteinander funktioniert es nicht mehr. Wir lassen uns scheiden.

Es gibt Eltern und Kinder, die einander nicht mehr verstehen. Ein Vater pocht auf seine Macht, auch als der Sohn längst erwachsen ist. Eine Mutter mischt sich immer wieder in die Angelegenheiten der Tochter ein. Und die Kinder wissen sich nicht anders zu helfen, sie brechen den Kontakt ab.

Ja, unter uns Menschen gibt es viele Scheidungsgründe:
Wir haben unterschiedliche Ansichten und verschiedene Lebensentwürfe.
Wir machen Fehler, die andere Menschen verletzen, werden schuldig aneinander oder einander gleichgültig.
Wir werden älter und müder, manchmal resignieren wir.
Und den letzten, großen Scheidungsgrund haben nicht wir in der Hand:
Den Tod, der uns voneinander trennt.

Manchmal macht mir das Angst. Kann das, was mich scheiden könnte von der Liebe anderer Menschen, mich auch von der Liebe Gottes trennen?

Nein!, behauptet Paulus. Nichts kann uns scheiden von der Liebe Gottes. Und er fügt hinzu:

„Denn ich bin gewiss, dass weder Tod noch Leben, weder Engel noch Mächte noch Gewalten, weder Gegenwärtiges noch Zukünftiges, weder Hohes noch Tiefes noch irgendeine andere Kreatur uns scheiden kann von der Liebe Gottes, die in Christus Jesus ist, unserem Herrn" (Römer, 8, 38 (L)).

Ich spüre, wie sehr ich mich danach sehne, dass es so sein könnte. Dass es ihn gibt, dessen Wesen die Liebe ist und der sich selbst nicht verlassen kann.

Keine Entfernung ist so weit, dass er sie nicht überbrücken könnte. Kein Graben so tief, dass er ihn nicht überwinden könnte.

Kaum zu glauben.
Doch will ich versuchen, mich im Vertrauen zu üben. Gottes Liebe bleibt.
Sie überdauert jeden Scheidungsgrund.
Sie findet mich auf, wenn menschliche Wege auseinandergehen.
Sie nimmt mir von den Schultern, was mich von Gott trennen könnte.
Sie hält mich, wenn ich verlassen bin.

Diese Liebe trägt mich, nicht nur durchs Leben, sondern sogar durch den Tod.

Gebet: Ungeheuerlich

Gott,
manchmal kommt es mir vor,
als gäbe es vieles, das
mich trennen kann von dir.

Dann scheint mir,
dass Trauer und Leid
dich verschwinden lassen,
meine Zweifel
dich auslöschen könnten,
und der Tod
das letzte Wort haben wird
über mich.

Ungeheuerlich, der Gedanke,
dass du dich verbürgst dafür,
dass nichts, gar nichts
mich trennen kann von dir.

Lehre mich, mich anzulehnen
an dein Versprechen,
dich im Rücken zu spüren
und an jedem Tag
neues Vertrauen zu fassen
zu dir.

Ach, Paulus!

Ach, Paulus,
Du willst erfassen, begreifen und erklären, was dir geschah.
Du ringst um die Wahrheit. Als sei sie ein Monolith.

Doch manchmal ist es, als ob du meine Gedanken eher verknotest als klärst.
Ich verstehe nicht, was du meinst.
Was will er sagen, frage ich mich, dieser Paulus.
Und vielleicht liegt das in der Natur der Sache.
Weil Gott sich erfahren lässt, doch niemals begreifen.

Ach, Paulus.
Manchmal stoße ich mich an dem, was du schreibst.
„Es steht einer Frau schlecht an, in der Gemeindeversammlung zu reden"
(1. Korinther 14, 35b (L)).
Bis heute berufen sich Menschen, vor allem Männer, auf deine Worte.
Als habe Gott sie dir in die Feder diktiert.
Nein, Paulus, nein, das glaube ich nicht.

Und dann, dann wechselst du plötzlich den Ton.
Paulus, da steckt ja ein Dichter in dir!
Als hättest du eine neue Sprache erlernt.
Und sängest in der nun ein Lied:

„Nun aber bleiben Glaube, Hoffnung, Liebe, diese drei ..." (1. Korinther
13, 13a (L)).
„O welch eine Tiefe des Reichtums, beides, der Weisheit und der Er-
kenntnis Gottes!" (Römer 11, 33a (L)).

Da weht der Geist der Freiheit durch deine Gedanken!
Sie bleiben mir rätselhaft. Und weisen doch über sich hinaus.

49

So auch hier:
„Was kann uns scheiden von der Liebe Christi?", fragst du.
„Nichts!", sagst du. Und fügst deinem Lied noch eine Strophe hinzu:

„Weder Tod noch Leben,
weder Engel noch Mächte,
weder Gegenwärtiges noch Zukünftiges noch Gewalten,
weder Höhe oder Tiefe noch irgendeine andere Kreatur
können uns scheiden von der Liebe Gottes,
die in Christus Jesus ist, unserem Herrn."
(1. Korinther 13, 38b/39 (E))

Worte, die reichen weit,
vom Damals ins Heute, über die Zeit.
Ich lehne mich an sie, wenn der Tod nach meinen Gewissheiten greift.

Paulus, du Dichter,
deine Verse schillern und schimmern
in mir.

Silberrand

Da ist nicht nur
das Grau der Wolken,
die sich vor die Sonne schieben
und mich trennen
von Wärme und Licht.

Da ist auch
ein silberner Rand,
der das Leuchten bewahrt.

Er tröstet mich
wie die Erinnerung
an einen glücklichen Tag.

Er lässt mich hoffen,
dass wieder Zeiten kommen,
die leuchten für mich.

Auf dem Bergfriedhof

Einmal im Jahr muss ich dorthin. Auf den alten Friedhof am Lindener Berg. Im Frühling, wenn alles zu blühen beginnt, mache ich mich auf den Weg. Gespannt gehe ich zum Friedhofstor. Ich habe Glück gehabt, bin nicht vergeblich gekommen.
Ich öffne das Tor und trete ein. Der Alltag bleibt draußen hinter der Mauer.

Ein Meer von Blausternen blüht auf dem Friedhof. Es sieht aus, als wäre der Rasen blau. Dazwischen Osterglocken und Schlüsselblumen, Lichtpunkte, hingetupft.
Tief atme ich aus und lasse mich gefangen nehmen, Himmel und Erde verschmelzen im Blau.

Langsam schlendere ich die Wege entlang.
In den knorrigen Bäumen spielt leise der Wind. In einem Wipfel singt eine Amsel ihr Abendlied.
Ab und zu bleibe ich stehen, lese die Inschrift der Steine. „Hier ruht in Gott ...", steht auf vielen von ihnen.

Ich setze mich auf eine Bank, genieße die Stunde, den Ort. Das Ticken der Uhren scheint zu verstummen, als sei ich herausgenommen aus Raum und Zeit. Als lehne ich mich nun ein Weilchen an die Ewigkeit.
Ich spüre, wie Stille mich erfasst und sich in mir ausbreitet. Meine Muskeln entspannen sich, mein Rücken richtet sich auf. Es kommt mir vor, als würde mein Leben in ein anders Licht getaucht.

Ruhen in Gott, das darf ich schon hier, auf der Erde. Auf dieser Bank mitten im Blau.

Segenswunsch: Was überdauert

Ich wünsche dir
Vertrauen in das,
was überdauert.

Mag die Zeit
sich noch karg gebärden,
schweigsam und kühl:

Im Verborgenen ruht doch,
was blühen will.

Und wird sich zeigen,
unaufhaltsam,
in den schönsten Farben
des Lebens.

APRIL:
Von Hoffnungsbildern gehalten

Christus ist gestorben und lebendig geworden, um Herr zu
sein über Tote und Lebende.
RÖMER 14, 9 (E)

Verbunden über die Zeiten hinaus

„Es ist noch keiner zurückgekehrt". Schon häufig habe ich diese Worte
gehört, wenn Menschen über das Sterben sprechen und was danach noch
kommen könnte.

Und tatsächlich:
Unser Wissen reicht nur bis zum Tod. Er ist wie ein Horizont, der sich,
wenn wir uns nähern, nach hinten verschiebt.
Wir können nur auf dieser Seite Land gewinnen, uns Neues erobern,
unseren Horizont erweitern. Ihn zu überschreiten, das vermögen wir als
Lebende jedoch nicht.
Hinübergehen auf die andere Seite, ins „Jenseits", können wir erst, ja,
können wir nur, wenn wir sterben.

„Es ist noch keiner zurückgekehrt."

55

Keiner?

Doch, sagt der Monatsspruch, einer ist zurückgekehrt: Jesus Christus.

Er ist nicht nur lebendig geworden und gestorben, so wie es das Schicksal ist von allem, was lebt.

Nein, er ist auch gestorben und wieder lebendig geworden.

Er hat den Horizont überschritten und ist in dieses Land gereist, das uns verschlossen bleibt. Er hat besucht, die dort wohnen und gesehen, was unseren Augen verborgen bleibt.

Die Bibel schenkt uns Bilder von dem, was auf der anderen Seite ist.

Bilder, die wir uns ausmalen, die wir weiterträumen können.

Gott selbst wohnt dort.

Er selbst macht groß, die gering geachtet waren.

Traurigen wischt er die Tränen ab.

Schmerz, Leid und Geschrei sind vergangen.

Verschwunden ist die Grenze, die uns trennte.

Da ist Leben in Fülle, das bleibt.

Wir dürfen uns in diesen Bildern bewegen, sie reichen schon jetzt in unsere vergängliche Zeit. Und sie schenken uns Hoffnung für die, die schon gegangen sind.

Jesus Christus, der im Diesseits war und im Jenseits, er verbindet uns miteinander. Ich stelle mir vor, wie er auf der Grenze steht, die allein er überbrückt. Eine Hand reicht er uns, die wir auf der Erde wohnen. Die andere reicht er denen, die vor uns gegangen sind, deren Zuhause der Himmel ist. So schließt er den Lebenskreis über den Tod hinaus.

Wir sind gut aufgehoben, diesseits und jenseits des Horizonts. Bei ihm, der sein Leben mit uns teilt, in der Zeit und in Ewigkeit.

Gebet: Dein Versprechen

Gott,
du „Ich bin, der ich bin",
dein Versprechen reicht weit,
weit hinaus über die Zeit.

Vor mir
warst du
und wirst
nach mir sein.

Umfangen von dir
ist mir weniger bang.

Ich spür deine Hände,
sie halten mich
lebenslang.

Halten mich auch
über die Zeiten hinaus,
bis ich zurückkehr zu dir,
in dein Haus
mit seinen Türen,
hinter denen
die Ewigkeit wohnt.

Bilder aus anderen Welten

Manchmal ist es, als gäbe ein*e schon Gestorbene*r ein Zeichen aus einer anderen Welt.

Der tote Vater erscheint in einem Traum, der mir so real vorkommt. Dem doch ein Erwachen folgt und dann ein Verblassen.

Eine verstorbene Schwester scheint noch einmal präsent, ja, fast greifbar nah.

Aber ob es so ist? Sind sie es wirklich, die zurückkehren? Als sei der Horizont eine halbdurchlässige Haut, durchdringbar von der gegenüberliegenden Seite.

Jedes dieser Ereignisse ließe sich auch anders deuten.

Vielleicht erlebe ich diesen Moment, weil meine Sehnsucht und meine Fantasie sich verbünden. Sie erschaffen Bilder, die den Träumen ähnlich sind, nur eben am Tag. Gnädige, gütige Bilder, die Kraft haben, mich zu trösten.

Wenn der Augenblick endet, in dem diese Bilder real erscheinen, wird der Schmerz wieder spürbar.

Aber es bleibt auch die Erinnerung, stark und präsent. Und die möchte ich nicht gleich wieder wegwischen.
Diese Bilder: Es mag sein, dass sie nicht zu dem gehören, was wir „Wirklichkeit" nennen. Und doch sind sie wirksam und wirken weiter in mir.

Und so sind diese Trostbilder nicht vertröstend, sondern stiften Hoffnung und Kraft. Sie helfen zu überstehen, was eigentlich unerträglich ist.

Sie gehen mit, wenn die Zeit ihren Takt und ihr Tempo wieder auf-
nimmt, der Alltag zurückkehrt und das Leben wieder an Normalität gewinnt.

Ich kann mich erinnern, ihnen nachspüren. Wieder und wieder trösten
sie mich.

Ein Vogel am Fenster

Als meine Mutter gestorben war und ihre Hand noch warm in meiner lag, sang draußen vor dem geöffneten Fenster ein Vogel.

Es war ein stiller Moment. Schön in einem absoluten Sinn.
Als stünde die Zeit still. Und das tat sie ja auch.
Doch kehrte sie bald schon geschäftig zurück und brachte den Schmerz mit sich.

Einige Wochen später saß ich am Klavier. In die Töne hinein drang ein zartes Klicken. Ich horchte auf. Stille. Ich spielte weiter, da war es wieder.
Es kam aus Richtung des Fensters.
Vorsichtig schaute ich nach. Ein kleiner Vogel saß dort.
Er pickte ans Fenster. Legte den Kopf schief. Und pickte noch einmal.
Ich lächelte. Er flog davon.

Da bist du ja, dachte ich. Und der Vogel verschmolz mit der Erinnerung an meine Mutter.
Als gäbe er mir noch einmal ein Zeichen von ihr.

Wiesenschaumkraut

Eines Morgens, es muss im Frühling gewesen sein, kam ich zu einer Be-
erdigung auf den Waldfriedhof unserer Stadt.
Dort gibt es am Rand eine Wiese, die leicht ansteigt. Auf der blühte das
Wiesenschaumkraut. Das Gras war vollkommen überdeckt vom wogen-
den Weiß mit einem Hauch Rosé.
Und die Wiese, sie sah nun aus, als lade sie ein zu einem Schaumbad.
An diesem Morgen habe ich zum ersten Mal verstanden, warum diese
Pflanze ihren Namen bekommen hat: „Wiesenschaumkraut".

Viele Jahre später entspann sich auf einer Chorfahrt ein Gespräch zwischen mir und einem Mitsänger. Er sei der leitende Friedhofsgärtner auf
dem Waldfriedhof gewesen, so erzählte er. Als ich ihm von dem blühen-
den Schaumkraut und meinem Aha-Erlebnis erzählte, antwortete er: „Es
war meine Idee, die Blüten nicht abzumähen, sondern stehen zu lassen."

Inzwischen ist der Gärtner gestorben.
In jedem Jahr, wenn ich das erste Wiesenschaumkraut sehe, denke ich an
die Schaumbadwiese vor dem Waldfriedhof.
Und er, der die Idee hatte, sie blühen zu lassen, lebt in meiner Erinnerung
wieder auf.

Segenswunsch: Neu erweckt

Ich wünsche dir,
dass Gott dich
immer wieder neu erweckt.

Sie belebe dein Herz
und halte es lebendig und weit.

Sie ermuntere deine Sinne
und mache sie einfühlsam und wach.

Sie stärke deinen Geist
und erhalte ihn wachsam und klug.

Sie erfrische deine Seele
und lasse sie kraftvoll und zärtlich werden.

So segne dich Gott
mit Leben.

MAI:
So viel Vermögen!

Weigere dich nicht, dem Bedürftigen Gutes zu tun, wenn
deine Hand es vermag.
SPRÜCHE 3, 27 (L)

Vermögend sein

„Wenn deine Hand es vermag." – Ein barmherziger Satz. Es wird nicht
mehr gefordert als mir möglich ist.
Es gibt ja Zeiten, in denen ich selber bedürftig bin. Ein trockenes Land,
sehnsüchtig nach einem Wort, das mich belebt. Ängstlich und einge-
schüchtert vom Wort „Zukunft", das mir so groß vorkommt, weil es seine
Verheißung verloren zu haben scheint.

„Gutes tun, wenn deine Hand es vermag." – Was für ein schönes Gegen-
modell zur Raffgier!

„Vermögen", das ist nicht nur ein Verb, sondern auch ein Substantiv. Es
bezeichnet das, wovon ich zuviel habe. Überfluss, den ich nicht zum Leben brauche, und der mir Gestaltungskraft verleiht.

Bei Geld ist das offensichtlich. Ich kann investieren, etwas aufbauen damit.

Aber auch bei anderen Ressourcen, über die ich verfüge, ist es so. Bei Zeit, Kraft oder meinen Talenten.

Was Geld betrifft, so galt lange das Sparschwein, in dem man Münzen und Scheine ansammelt, als Symbol, um vermögend zu werden.

Ein anderer Weg, der nicht zuerst etwas anhäuft oder hortet, sondern Ressourcen frei setzt, wäre, mich zu verkleinern. Dazu überprüfe ich meinen Bedarf und meine Bedürfnisse. Um mich dann von dem zu trennen, was zu viel ist.

In meinem Kleiderschrank hängen Kleider, die nicht mehr zu mir passen. Und in meinen Küchenschränken steht Geschirr, das ich seit Jahren nicht benutzt habe.

Schwieriger ist es bei großen Entscheidungen:
Die zu große Wohnung, aus der die Kinder längst ausgezogen sind. Der Garten, der so viel Pflege braucht. Das zweite Auto, das vor allem herumsteht.

Es ist schwer, mich davon zu trennen. Aber es setzt Kräfte und Zeit frei, denn wenn ich mich verkleinere, muss ich mich um weniger kümmern als vorher. Und oft habe ich auch mehr Geld zur Verfügung.

Neues Vermögen liegt in meiner Hand. Ich vermag davon abzugeben, an die Menschen, die bedürftig sind, deren Bedarf zum Leben nicht gedeckt ist: Hungrige, Durstige, Obdachlose. Davon gibt es in unserem reichen Land und erst recht auf der Welt viel zu viele.

Auch an die Erde kann ich von meinem Vermögen abgeben. Ihre Ressourcen erschöpfen sich, sie ist erholungsbedürftig. Es tut ihr gut, wenn ich bescheidener lebe und ihr zurückgebe von dem, was sie mir zum Leben geliehen hat.

Ich will meinen Blick offen halten für das, was ich vermag und für die, die meiner bedürfen. Es macht mein Leben sinnvoll, das, was ich habe zu teilen.

Vermögend sein, Gestaltungskraft zu spüren, Teilen sind Wege zum Glück.

Überfließendes Leben

Im Frühling gerate ich ins Staunen. Jedes Jahr wieder. Ich weiß doch: Alles wird grün werden. Die Blätter der Buchen werden hell aus den Knospen schlüpfen und der Rasen so schnell wachsen wie sonst nie. Farben werden ins Blumenbeet getupft, Flieder und Goldregen duften.
Und doch überwältigt es mich wieder und wieder, wenn es so weit ist. Gott muss eine Lebenskünstlerin sein. Sie malt kein Bild, sondern das Leben selbst. Fein und filigran, üppig und überfließend. Jedes Jahr neu rührt seine Schönheit mich an.

Gebet: Teilen

Gott, großzügig bist du,
verschwenderisch sind deine Gaben.

Lehre mich,
das, was ich habe,
nicht für mich allein zu behalten.
Lehre mich, gerne zu geben.

Denn alles, was ich teile:
Worte und Wärme,
Glück und Geld,
wird wirken in der Welt.

Talkshow

Da war der Mann, der sich hochgearbeitet hatte. Mit seiner Musik verdiene er heute Millionen. Das alles habe er nur sich selbst zu verdanken, sagte er.

Neben ihm eine Frau, die ihre Lebensmittel von der Tafel bezieht. Inzwischen arbeite sie selbst dort mit, zweimal in der Woche hole sie Lebensmittel von Supermärkten ab. Das gebe ihr Sinn.

Eine Frau, die ihr Geld in Schönheitsoperationen steckt. „Alles neu", stolz zeigt sie auf ihre Nase und ihre Brüste. Seit sie vierzig Jahre geworden sei, lasse sie Falten unterspritzen, zweimal im Jahr. Es hebe ihr Selbstbewusstsein, gut auszusehen.

Ein Mann, vielleicht dreißig Jahre alt, der auf 20 Quadratmetern lebt, fast ohne Geld. Er fühle sich frei. Das wenige, was er brauche, kaufe er im Sozialkaufhaus. Nachts rette er Lebensmittel – andere sagten, er stehle sie. Einmal habe er ein Bußgeld dafür zahlen müssen.

Eine Kapitänin, ohne festen Wohnsitz. Sie nahm auf dem Mittelmeer Geflüchtete an Bord. Nein, eine Heldin sei sie nicht, sie mache nur ihren Job.

Fünf Menschen, so unterschiedlich.
Am Ende fragte der Moderator jede und jeden, mit wem aus der Runde er oder sie am ehesten tauschen würde.

Mit wem würde ich tauschen?, frage ich mich.

Vorbild

Wenn Sie mich nach Vorbildern fragen, fällt mir eine junge Frau ein, gerade mal 19 Jahre alt. Meine Nichte.

Drei Jahre ist es her, da hatte sie einen Hirntumor. Er war gutartig, Gott sei Dank. Trotzdem musste sie operiert werden, dazu musste ein Teil ihrer Haare abgeschnitten werden. Wochenlang war sie auf der Kinderkrebsstation. Jedes Mal, wenn sie über den Flur ging, traf sie andere Kinder, kleine und größere. Manche schoben einen Infusionsständer vor sich her. Andere hatten dicke Verbände, andere kahle Köpfe. Sie kamen ins Gespräch, spielten miteinander, schlossen Freundschaft auf Zeit. Ein Mädchen starb an seiner Erkrankung.

Als meine Nichte entlassen wurde, folgte eine Reha, doch auch dann war längst nicht alles wie vorher. Es dauerte lange, bis ihre Kraft zurückkehrte und sie neues Vertrauen in den eigenen Körper und ins Leben gewann.

Gleich nach ihrer Operation begann sie, ihre Haare lang und länger wachsen zu lassen.
Und dann bekam ich eines Tages ein paar Fotos geschickt: das erste Bild zeigte Zöpfe, abgeschnitten und sorgsam in Folie verpackt. Das nächste zeigte meine Nichte, die in die Kamera lachte: Mit kurzen Haaren.
Sie hat ihre Zöpfe dann gespendet, für krebskranke Kinder.

Gestern war ich selbst bei meiner Friseurin, ich habe meine Haare abschneiden lassen, sie waren endlich lang genug für eine Spende. Das Gesicht, das nun aus dem Spiegel zurückschaut, umrahmt von kurzen Haaren, ist mir noch fremd.

Trotzdem freue ich mich, als ich meinen Zopf in Folie wickele, in einen Umschlag packe und eine Briefmarke darauf klebe.

Schließlich sind Vorbilder dazu da, es ihnen gleichzutun.

Danke, Wiebke!

Segenswunsch: Zugabe

Gott ersetze die Sorge,
ob genug da sein wird,
durch Vertrauen.

Und schenke dir
Fantasie für das,
was du schenken kannst.

Gott gebe dir
einen Blick für die,
die deine Gaben brauchen.

Und segne dich
mit dem Glück
eines weiten Herzens.

JUNI:
Leben in Fülle

Gott gebe dir vom Tau des Himmels und vom Fett der Erde
und Korn und Wein die Fülle.
GENESIS 27, 28 (L)

Segenswunsch mit Knacks

Sofort sind Bilder da. Tau glitzert im Gras, kühlt die Luft ab und be-
feuchtet die Erde. Die bringt hervor, was in ihr steckt, Holunder und
Linden duften, Gerste und Weizen wiegen sich im Wind. Die Rosen blühen um die Wette und abends lässt sich im Freien das Leben genießen,
beim Spazierengehen, in einem Biergarten, auf der Terrasse oder dem
Balkon.
Es ist Sommer: überfließendes, üppiges Leben. Welch eine Füllc!

„Aus der Fülle gebe dir Gott": Wie schön, mit so einem Wunsch gesegnet
zu werden. Natürlich kann ich mir selber diese Fülle wünschen. Doch
wenn ein anderer es tut, bedeutet es anderes, mehr: Es wird ein Segen
daraus.
Und tatsächlich stammt der Monatsspruch für den Juni 2023 aus einem
Segen, und zwar einem Erstgeborenensegen.

73

Der zuerst geborene Sohn hatte im alten Israel eine besondere Bedeutung: Meistens war er – besonders vom Vater – das am meisten geliebte und oft auch bevorzugte Kind. Nach dem Tod des Vaters standen ihm Macht und der größte Teil des Erbes zu. Und wenn ein Vater alt wurde und sich dem Sterben nah fühlte, rief er seinen Ältesten zu sich und sprach ihm den Segen für den Erstgeborenen zu, wie ein Vermächtnis.

Hier ist es der alte, fast erblindete Isaak, der seinem Sohn Jakob die Hände auflegt, um ihn zu segnen. Und genau da bekommt der Segenswunsch einen Knacks.

Denn diese Worte und ihre schönen, üppigen Bilder, sie stehen Jakob laut Tradition gar nicht zu. Sie gelten nicht ihm, sondern seinem Zwillingsbruder Esau, der zuerst zur Welt kam.
Schon im Mutterleib scheinen die Brüder darum gerungen zu haben, wer als erster ans Licht darf, und Esau hatte sich durchgesetzt (Genesis 25, 21ff.).

Esau, der Rauere mit der behaarten Haut, war es, den der Vater mit sanfteren Augen anschaute als ihn. Das hat das Leben der beiden durchzogen wie ein roter Faden. Immer stand Jakob hintenan.

Und nun endlich soll es anders werden.
Jakob will ihn unbedingt haben, diesen Segen. Endlich, endlich nicht mehr der Zweite sein!

Und so schmiedet er einen Plan: Eines Tages kocht er ein köstlich duftendes Linsengericht und als Esau erschöpft von der Feldarbeit nach Hause kommt und ihn um einen Teller davon bittet, da antwortet Jakob: „Verkaufe mir zuvor deine Erstgeburt" (Genesis 25, 31).
Das ist legitim, solch ein Handel. Und doch ist er hinterlistig, ja, unfair, denn Jakob nutzt den Hunger seines Bruders aus.

Als die Zeit gekommen ist und Isaak den Segen über Esau sprechen will, da verkleidet Jakob sich mit Hilfe seiner Mutter Rebekka mit Fellen, damit seine Haut sich anfühlt als sei sie die seines Bruders. Er bewirtet den Vater und gibt sich als Esau aus. Der Vater ist skeptisch, er tastet seinen Sohn ab. Und, tatsächlich, er meint, die behaarte Haut Esaus zu fühlen.

Und dann ist Jakob am Ziel. Er spürt die Hände des Vaters und hört aus seinem Mund die ersehnten Worte:
„Gott gebe dir vom Tau des Himmels und vom Fett der Erde und Korn und Wein die Fülle."

Ich stelle mir vor, dass er einen Moment lang vergisst, was er getan hat und den Augenblick genießt. Endlich vom Vater anerkannt, berührt, geliebt und gesegnet werden!

Als Isaak bemerkt, was passiert ist, ist es zu spät. Ein Segen, einmal ausgesprochen, kann nicht zurückgenommen werden. Er gehört nun dem Jakob. Ein erschlichener Segen, dem trotzdem zugetraut wird, wirksam zu sein.

Wie geht die Geschichte weiter?

Jakob zahlt einen hohen Preis für seine List. Esau ist so wütend auf ihn, dass er ihn umbringen will. Jakob muss fliehen, er macht sich auf den Weg zu seinem Onkel Laban.
Sein Erbe wird ihm nicht zuteil. Und doch scheinen die Segensworte mit ihm zu gehen.

Mit den Jahren wird Jakob selbst ein Patriarch mit Frauen und Kindern, und er gelangt zu Wohlstand. Als es zum Streit mit Labans Söhnen kommt, macht er sich mit allen, die zu ihm gehören, auf den Weg in die alte Heimat.

Ihn treibt die Frage um, wie sein Bruder Esau ihm wohl begegnen wird.

Nun versucht Jakob nicht mehr, ihn zu hintergehen, im Gegenteil. Er schickt Knechte voraus, die prüfen sollen, ob Esau sich von Jakob versöhnlich stimmen lässt.

„Zweihundert Ziegen, zwanzig Böcke, zweihundert Schafe, zwanzig Widder und dreißig säugende Kamele mit ihren Füllen, vierzig Kühe und zehn junge Stiere, zwanzig Eselinnen und zehn Esel" (Genesis 32, 15ff.) gibt er ihnen als Geschenke für Esau mit auf den Weg.

Jakob scheint über die Jahre demütig geworden zu sein. Er möchte sich mit seinem Bruder versöhnen, er ist bereit zu teilen. Ja, als er Esau auf sich zukommen sieht, verneigt er sich vor ihm – sieben Mal. Dann schließt sein Bruder ihn in die Arme. Die Geschenke seien nicht nötig, sagt er, er habe selber genug.

Jakob entgegnet: „…ich sah dein Angesicht als sähe ich Gottes Angesicht, und du hast mich freundlich angesehen. Nimm doch meine Segensgabe an, … denn Gott hat sie mir beschert, und ich habe von allem genug" (Genesis 33, 10f.).

Endlich ohne Zwist, ohne Blindheit und Arglist: Der Segen muss weder erschlichen, noch erkämpft werden. Die Brüder schauen einander ins Angesicht und teilen miteinander.

„Gott gebe dir vom Tau des Himmels und vom Fett der Erde und Korn und Wein die Fülle."

Ich möchte die schönen Worte, die von der Fülle des Lebens sprechen, nicht lesen ohne den Knacks, den sie durch den Kontext bekommen.

Er beginnt mit der Überlieferung, der Segen könne nur einem Kind zuteilwerden. Bei den Zwillingen Esau und Jakob entscheiden nur ein paar zufällige Minuten darüber, wer ihn erhalten soll.
Isaak hält sich an die Tradition, er bevorzugt Esau. Aber Rebekka liebt Jakob und wünscht ihm den Segen.

Wo der Segen unteilbar scheint, kommt es zu Zwist, Hinterlist und Konkurrenz. Ein Riss geht durch die Familie und spaltet sie.

Segen aber gibt es genug, so lässt das Ende der Geschichte vermuten. Gott hält sich nicht an das, was die Tradition zu gebieten scheint. Großzügig verschenkt er den Segen an beide Brüder. Und auch an uns. Gottes Segen reicht für die ganze Erde, er will blühen, wachsen, überfließen. Und er soll allen zugutekommen.

Ja, ich will ich mich freuen an der Fülle des Lebens. Am Brot auf dem Tisch, das aus fetter Erde gewachsen ist, die Korn hervorgebracht hat. Am Wein, der im Glas funkelt, wenn ich abends mit Freunden den Sommer genieße und nichts mir zum Leben fehlt.

Und dann will ich mich fragen: Wo lässt mein Reichtum sich teilen? Wie kann ich meine Lebensfreude weitergeben, damit sie für andere zum Segen wird?

Denn Gottes Segen entfaltet Kräfte: Wenn wir ihn verschenken, dann wächst er, wird groß, breitet sich aus und stiftet Glück und Versöhnung.

Der Riss

Von einem Riss, der in allen Dingen sei, singt Leonard Cohen in einem Lied[3].
Und ja, das stimmt.
Vielleicht nicht alle, aber doch viele Dinge bleiben nicht so neu und schön wie am Anfang, sie nutzen sich ab oder gehen kaputt. Nicht nur mit der Schüssel ist es so, die zu Boden fällt und nun einen Sprung hat. Oder dem Holz, das zu trocken geworden ist und reißt.

Auch mit der Liebe kann es so sein, mit der Hoffnung oder, wie bei Jakob, mit dem Segen.

Unachtsame Worte oder der Alltag können die Liebe verletzen. Ein Unglück oder eine schwere Zeit kann meiner Hoffnung einen Riss beibringen. Und der Segen bekommt einen Knacks, weil Menschen ihn für unteilbar halten.

Kein Grund aufzugeben. Denn durch den Riss fällt das Licht ein.

Ich fände es sehr optimistisch zu sagen, dass es immer so ist. Aber manchmal, da passiert es:
Zwei Menschen schauen miteinander ihre verletzte Liebe an und sehen genau in diesem Moment eine neue Möglichkeit aufscheinen.
Und durch die versehrte Hoffnung kann ein Schimmer fallen, den ich vorher nicht wahrnehmen konnte. Er tröstet und stärkt mich jetzt.
Der beschädigte Segen lässt Jakob nicht los. Der Riss bleibt spürbar, eine offene, manchmal gar grelle Frage. Gerade sie leuchtet den langen Rückweg aus, der am Ende zur Versöhnung führt.

---

3   Vgl. Leonard Cohen - Anthem

Vom Segen des „Genug"

Genug kann genügen. Genug ist genug.

Das Glück bewusst genießen. Es abspeichern.
Du wirst diesen Moment zurückholen können.
Dann ist es, als sei er noch einmal da.

Glanzlichter setzen und mit allen Sinnen wahrnehmen.
Wenn du dich erinnerst, werden diese Sinne reaktiviert.
Du spürst: Einmal reicht lange, ist manchmal sogar genug.

Nicht alles selber besitzen müssen.
Was ich habe, mit anderen teilen.
Gemeinsam ist es schöner als allein.

Bewusst wahrnehmen, erinnern, teilen.
Es liegt Segen auf dem „Genug".
Und ich spüre, wie es mich anweht, das Glück.

Einma(h)lig

Einmal sah ich im Zug eine Frau, die ihrem Kind einen Bissen in den Mund steckte. Was es war, konnte ich nicht erkennen.

Das Kind kostete, seine Augen wurden größer. Es schob den Bissen vorsichtig hin und her, von einer Backentasche in die andere, es lutschte und kaute, es schien zu überlegen und schließlich begann es zu lächeln.

So zu genießen, das wünsche ich mir. Als sei jeder Geschmack ein nie geschmeckter, als esse man jedes Ma(h)l zum ersten Mal.

Gebet: Wunderwesen

Gott, ein Wunderwesen bist du.
Ich schaue die Schöpfung an und meine,
dich selbst darin zu erkennen.

Dort, im Licht und all seinen Farben scheint mir,
seist du, gehüllt in ein Festgewand,
und lädst uns ein,
mit dir das Leben zu feiern.

Himmelblau ist der Teppich,
den du ausrollst, um uns zu empfangen
als deine geehrten Gäste.

Ein schwebendes Haus
baust du aus zarten Schleiern;
Wolken ziehen am Himmel,
als bildeten sie eine Straße zu dir.

Du lässt dich vernehmen:
In der Krone der Kastanie
spielt der Wind ein Lied von dir.
Deine Kraft lässt du erahnen
im Feuer, das lodert und wärmt.

Mit den Wassern des Lebens
füllst du die Erde
und gibst denen, die darauf wohnen,
den Boden als Heimat unter die Füße.

Gott, ein Wunderwesen bist du.
Kein Bild, das dich umfassen könnte.
Höher bist du als unsere Gedanken.
Unendlich groß und uns doch so nah.

(nach Psalm 104, 1-6)

Segenswunsch: Beschenkt

Schlendern,
die Uhr zuhause lassen,
die Zeit vergessen,
einfach sein.

Umsonst:
die Sonnenstrahlen auf deiner Haut.
Geschenkt:
der Duft von Nelken und Phlox.

Ich wünsche dir,
dass du genießen kannst,
was dir vom Himmel zufällt.

Zufällig.
Unverdient.

JULI:
Zu viel verlangt?

Jesus Christus spricht: Liebt eure Feinde und
betet für die, die euch verfolgen, damit ihr
Kinder eures Vaters im Himmel werdet.
MATTHÄUS 5, 44F. (E)

Von der Überforderung zur Vision

Jesus, das ist zu viel verlangt, möchte ich sagen. Die Freund*innen lieben?
Okay. Auf Menschen zugehen, die ich kaum kenne? Ich arbeite daran.
Spenden, wo jemand in Not geraten ist? Gerne.

Aber den Feind, die Feindin lieben?
Feind, im Althochdeutschen „fiant", das kommt vom Wort „hassen".
Dem genauen Gegenteil von „lieben". Wo Menschen einander hassen, ist
jegliche Beziehung zerstört.
Es ist schon viel, wenn Menschen, die einander hassen, sich nichts Böses
zufügen, sondern einander in Ruhe lassen. Aber Hass verwandeln ins
Gegenteil? Das ist mehr als Menschen möglich ist, scheint mir. Zuviel
verlangt.

Jesus aber nimmt seine Worte nicht zurück. Und er schränkt sie auch
nicht ein. Sie stehen da. Radikal.

85

Ich denke an eine Übung, die ich einmal erlebt habe. Wenn du dich überfordert fühlst, dann stell dir vor, wie es sein wird, nachdem du die Aufgabe gelöst hast. Und dann fang an, mit einem ersten kleinen Schritt in die richtige Richtung.

Ich male mir aus, wie es sein könnte, wenn Menschen ihre Feinde lieben.

Im Kleinen fange ich an. Wie wäre es, wenn einer den Schleier wegzieht, den der Hass über einen Menschen legt? Wenn ich den Anderen noch einmal neu, anders ansehen könnte?
Ich nehme wahr, wie verletzlich er ist, und sehe, was ihm wichtig ist. Das stimmt mich gnädiger als ich vorher war. Ein erster Schritt.

Und im Großen? Wie wäre es, wenn Nationen einander nicht feindselig gegenüberständen, sondern friedensselig. Da wäre ein großer Tisch, an dem man sich zusammensetzt, um entgegengesetzte Positionen wahrzunehmen, um zu verhandeln und Kompromisse zu schließen.

Liebe, Versöhnung, Frieden: Ein Traum. Fast wie der Himmel auf Erden.

Wir sind nicht im Himmel, wenden die Realisten ein. Ja, das stimmt. Aber wer keine Visionen hat, sollte zum Arzt gehen. Denn mit den Träumen davon, dass es anders sein könnte, fängt schon etwas Neues an.

Darum träume ich weiter, träume davon, dass wir Menschen nicht länger auf eine absolute festklopfende Weise sagen: Unmöglich! Und so auch das, was möglich wäre, vom Tisch wischen.

Dass wir uns nicht in die Dynamiken hineinziehen lassen, die zum Hass und zur Schwarzweißmalerei verführen. Es ist so viel einfacher und bequemer als einander lieben zu lernen und sich um Frieden zu bemühen.

Mag sein, dass das nicht immer gehen wird. Aber es geht auch nicht nie. Sortieren, was möglich ist, sondieren, was dem Frieden dient. Und

86

was mir zu groß erscheint, doch versuchen. Manches lässt sich erlernen. Manchmal beginnt es mit einem Gebet.

Himmel auf Erden – vielleicht bleibt das ein Traum. Doch gelegentlich gelingt ein Schritt.
Im Kleinen: Gegner schauen einander ins Gesicht, sprechen miteinander, suchen Kompromisse.
Im Großen: eine Friedensverhandlung gelingt, eine Mauer fällt.
Und plötzlich sind wir ein großes Stück weiter gekommen auf dem Weg, den Jesus eingeschlagen hat in Richtung Himmel.

Die ganze Palette

Die Liebe
malt mit ihren Farben
das Schwarzweiß-Geschmierte neu.

Zart überpinselt sie Feindbilder,
hebt sorgsam heraus,
was besonders ist.
Sie legt Wert
auf Details.

Konzentriert bearbeitet sie
den Hass, in der Hand
ihre ganze Palette
von Farben.

Schablonen zerreißt sie,
„Schau doch", sagt sie,
diese Freundin der Vielfalt,
„wie schön das ist, was anders ist."

Du siehst das Bild,
wie es lebendig wird
und zu leuchten beginnt
unter den Händen der Liebe.

Gib uns Licht

Ein Gastbeitrag von Heinke Willms

„Kommen Sie mit", sagt der Polizist. „Sie müssen die Gegenstände identifizieren, die Ihnen gestohlen wurden."

Sie gehen auf eine Bauruine zu. Vor einem Loch in der Mauer, das wohl einmal eine Tür werden sollte, hängt ein dicker Vorhang. Er schiebt ihn zur Seite. Sie treten ein.

Im ersten Moment sieht Rieke gar nichts. Dann passen ihre Augen sich dem Dunkel an.

Auf dem Boden liegt eine nackte Matratze. Darauf sitzt eine junge Frau. Sie ist dick angezogen und in eine Wolldecke gehüllt. Sie zittert und schaut den Polizisten und seine Begleiterin an. Ihre Augen füllen sich mit Tränen.

Der Polizist ignoriert sie.

Er schaut sie an. „Kommen Sie", sagt er und geht weiter in den nächsten Raum. „Und passen Sie auf, dass Sie nicht fallen über das ganze Zeug hier." Im Storchengang steigen beide durch das Chaos.

„Da", sagt Rieke, „das ist meine Flöte." Der Polizist nimmt den Flötenkasten und drückt ihn ihr in die Hand. Mit spitzen Fingern nimmt und öffnet sie ihn. Unversehrt liegt ihre Flöte darin.

Der Polizist geht weiter. Zwischendurch deutet sie auf Dinge, die ihr gehören. Er gibt sie ihr, manches trägt er für sie. Zum Schluss betreten sie eine Art Küche. Ein alter Herd starrt vor Dreck. Überall liegt benutztes Geschirr herum. Sie entdeckt einen Topf, darin verschimmelte Essensreste. „Das ist meiner", sagt Rieke. Dann schüttelt sie sich und fügt hinzu: „Den will ich aber nicht wiederhaben". Der Polizist nickt verständnisvoll, wendet sich um und macht sich auf den Rückweg. Auf der Matratze weint die Frau immer noch vor sich hin. Sie gehen an ihr vorbei. „Das ist seine Freundin", sagt der Polizist. „Sie ist schwanger." Beide gehen ins Freie. Rieke atmet auf. Dann steigen sie wieder in den Polizeibus, in dem auch der Einbrecher sitzt, bewacht von einem weiteren Polizisten.

Der Einbrecher wendet sein Gesicht ab und schaut aus dem Fenster. Alle schweigen.

Vor ihrer kleinen Wohnung setzen die Polizisten Rieke ab.

Sie geht hinunter ins Souterrain. Als sie vor ihrer Haustür steht, spürt sie: Es fällt ihr immer noch schwer, alleine hineinzugehen. Sie überwindet sich, schließt auf und tut den ersten Schritt. Sie schaut sich um. Alles ist an seinem Platz.

Kein Chaos, wie damals, denkt sie, als er bei mir eingebrochen war.

Sie geht ins Wohnzimmer. Warm ist es dort. Sie beginnt, die wiedergefundenen Sachen an ihre Plätze zu räumen.

Am Abend nimmt sie die Flöte aus ihrem Kasten. Sie stellt den Notenständer auf und legt die Noten darauf. Sie beginnt zu spielen.

Später geht sie von der Sonate über zu Liedern, die sie liebt. Am Ende spielt sie ein Segenslied. Sie denkt an die junge Frau auf dem Teppich. An das Kind, das in ihr heranwächst. Und, ja, auch an seinen Vater.

Weich klingen die Töne der Flöte. Und in ihr die Worte dazu: „Segne und behüte uns durch deine Güte. Gott, erheb dein Angesicht über uns und gib uns Licht."

Gebet: Gottes Kind

Jesus Christus,
wie könnte ich dir folgen,
du Gotteskind,
in dem der Himmel wohnte?

Dir, der du unbeirrbar warst
in der Liebe,
koste es, was es wolle,
gar das eigene Leben.

Ich bin nicht wie du.
Doch bitte ich dich:
Zieh mich hinein
in deine Liebe.

Lass mich den Anfang wagen,
jeden Tag neu,
damit ich mich auf den Weg mache,
das Kind Gottes zu werden,
das ich schon bin.

Anders gesagt: Anders

Im Traum ging ich einmal gemeinsam mit anderen an einem Wintertag spazieren. Plötzlich rodelten auf einem Feld zwei Jungen an uns vorbei. Einer von ihnen rief abfällig: „Deutsche!" Ich rief zurück: „Ist das so schlimm?" Und er, ganz fröhlich: „Nein!" Und dann: „Ich habe Spanier gelernt."

Der Traum war so real gewesen, dass ich beim Erwachen lachte über diesen klugen, unbekümmerten Jungen, in dem sich so rasant eine Wende vollzogen hatte.

Offen ruft er zunächst seine Ablehnung heraus und zieht eine Grenze: „Iiiih, Deutsche. Anders als wir!"

Doch dann, auf meine Nachfrage hin, ob das so schlimm sei: Kein Insistieren, kein Argumentieren. Sondern fröhlich, ja, geradezu beschwingt die Kehre:

Nein, das ist gar nicht schlimm. Und er liefert sogar eine Begründung dazu. „Ich habe Spanier gelernt." Man kann sich als Fortsetzung dazu denken: Und ihr, ihr habt eben gelernt, Deutsche zu sein.

So schnell kann es gehen, dass die einen gleichberechtigt neben den anderen stehen. Keiner ist von Natur aus schlechter oder besser. Nur eben: anders.

Segenswunsch: Inspirierend

Subversiv ist der Frieden,
mit einem Lächeln
entwaffnet er.

Frech übermalt er Feindbilder
und zeichnet stattdessen
ein Ebenbild.

Verwegen ist der Frieden,
er baut Zäune ab
an Grenzen und in Köpfen.
Und stellt sich Befehlshabern
in den Weg.

Ich wünsche dir,
dass du dich
inspirieren lässt
vom Frieden
und seinen Ideen.

AUGUST:
Geborgen und gewärmt

Du bist mein Helfer, und unter dem Schatten deiner Flügel
frohlocke ich.
PSALM 63, 8 (L)

Das Storchennest

Störche zum Beispiel:

Im Frühjahr treffen die Männchen zuerst ein und besetzen den Horst
vom Vorjahr. Energisch verteidigen sie ihn gegenüber ihren Konkurren-
ten. Bald gesellt sich eine Störchin dazu. Beide holen nun Halme und
Zweige herbei und bessern das Nest aus. Wenn man Glück hat, erlebt
man sie sogar beim Klappern.

Einige Zeit später hockt einer der beiden auf dem Nest. Die Brut hat be-
gonnen. Zwei bis fünf Eier hat die Störchin gelegt. Nun heißt es: Warten.

Nach gut vier Wochen ahnt man, dass die Küken geschlüpft sind. Vater
und Mutter wechseln sich ab, Nahrung zu suchen und die Kleinen zu
füttern. Später sieht man die Köpfchen auf den langen Hälsen senkrecht
nach oben ragen, mit aufgesperrten Schnäbeln.

Oft sitzen Störchin oder Storch auf dem Nest, und die Küken schlüpfen unter ihre Flügel. Hier sind sie unter weichen Federn geborgen. In kalten Nächten erfrieren sie nicht – wie es selbst bei Plusgraden geschehen könnte. Und auch wenn die Sonne zu heiß wird, sind sie geschützt. Nichts kann ihnen passieren.

Von hier oben haben die Eltern alles im Blick. Nähern sich Feinde dem Nest, so verteidigen sie ihre Kleinen energisch. So sind die Küken mit allem versorgt, was sie brauchen, in Ruhe wachsen sie heran, bis sie nach gut acht Wochen flügge werden.

Wie eine Vogelmutter nimmt Gott uns unter die Flügel, immer wieder ist dieses Bild in der Bibel zu finden. Ich spüre, wie es das Kind in mir anspricht und wärmt. Dieses Kind, das ich war, bleibt ja da, es wohnt in mir, auch, wenn ich selber längst erwachsen geworden bin.

Immer wieder einmal meldet es sich zu Wort mit seiner Sehnsucht, geschützt und gewärmt, behütet und versorgt zu werden. Besonders in den Zeiten, in denen ich es schwer habe und bedürftig bin.

Wie gut tut es, eine Freundin zu haben, die mir zuhört, mich tröstet und versteht. Oder einen Helfer, der die eine oder andere Aufgabe für mich übernimmt und mich unterstützt. Und ich, ich darf mich eine Zeit lang verkriechen. Andere geben mir das Gefühl, geborgen zu sein.

Ich muss nicht alles alleine schaffen. Hilfe anzunehmen macht mich demütig und dankbar. Und ich lerne, selber andere zu bemuttern, wenn sie mich brauchen, sie zu wärmen und zu schützen.

Und auch bei Gott darf ich mich bergen. Ich muss nichts vorweisen. Selbst wenn ich keine Worte mehr habe, Gott ist da, wie Mutter und Vater für die Storchenkinder, um mich zu schützen, zu versorgen und zu hüten, als sei ich ein Küken.

Bis sich in mir neue Kraft einstellt, die mich beflügelt. Und ich mich dem Leben gewachsen fühle, das vor mir liegt und mich aufmache, um es zu meistern.

Geborgen

Mit den Augen
dem Vogelschwarm folgen,
die Gedanken
ins Weite ziehen lassen.

Über Berge und Täler,
Land und Meer,
vom Morgen bis
zum Abend:

Kein Ort, kein Tag,
an dem Gott
nicht die Flügel
über dir ausbreitet.

Sitzen in der Stille

Sitzen in der Stille – das ist für mich eine Weise, mich bei Gott zu verkriechen.

Ich suche mir eine bequeme Sitzposition, auf einem Stuhl, dem Fußboden oder einem Kniebänkchen und lege mir eine Decke um die Schultern.

Ich versuche, loszulassen, was mich umtreibt und unruhig macht. Jetzt darf ich entspannen und zur Ruhe kommen. Ich spüre meinen Atem, spüre, wie Arme und Beine schwer werden.

Ich bin da, einfach da, vor Gott.
Worte sind nicht nötig.
Stille ist genug.
Nur sitzen, nur sein.

Unter der Decke wird mir warm und meine Muskeln lockern sich. Ich werde ruhig und lasse zu, dass ich nichts leisten, nichts geben, mich nicht erklären muss.

Gott sei ein glühender Backofen voller Liebe, so hat Martin Luther einmal gesagt. Von dieser Liebe fühle ich mich umhüllt und gewärmt.

Ich berge mich unter Gottes Flügeln. Hier fühle ich mich angenommen und geschützt. Hier darf ich wachsen unter einer wärmenden Obhut.

Gebet: Unterschlupf

Gott, du weiß:
Da wohnt ein Kind in mir,
das sich zuweilen sehnt
nach dem, was Eltern geben
(oder geben sollten).

Danke, dass du da bist,
obwohl ich schon erwachsen bin.

Du bist mein Unterschlupf,
wenn ich nur an dich denke,
und wenn ich bete,
berge ich mich bei dir.

So wärmst du mich
und bist mir nah.
Ich sammle
neue Kraft bei dir.
Und finde
Vertrauen ins Leben.

Resilienz

Manche Menschen ruhen in sich selber und strahlen eine große Kraft aus. Auch mit schweren Lebenslagen scheinen sie besser zurechtzukommen als andere. Sie sind resilient.

Resilienz bedeutet dem Wortsinn nach „wieder in die ursprüngliche Form zurückkehren".
Man kann an einen Ball denken, der eingedrückt wird und sich gleich wieder rundet. Oder an ein Stehaufmännchen: Wenn es gefallen ist, kehrt es schnell in die aufrechte Haltung zurück.
Eine innere Widerstandskraft ist nötig, um resilient zu werden.

Forschungen haben ergeben, dass eine einzige zuverlässige Bezugsperson in der Kindheit ausreicht, damit Kinder eine solche innere Widerstandskraft entwickeln können.
Auch die religiöse Vorstellung, dass ein Gott da ist, bei dem ich geborgen bin, fördert diese innere Stärke.

So ist es wohl kein Zufall, dass Bilder für die Resilienz ebenso wie Bilder für den Glauben oft aus der Natur stammen: Gott ist wie eine Quelle, ein Fels, die Sonne oder eben wie eine Vogelmutter. Ich erfahre, dass jemand zuverlässig für mich da ist, mich wohlwollend anschaut und liebevoll begleitet.

Ich finde Vertrauen: zu Gott, zu mir selbst und anderen Menschen. Vertrauen auch ins Leben und seine unverwüstliche, unbeirrbare Kraft. Mein Glaube hilft mir aber auch, Schweres zu überwinden und lässt meine Wunden heilen. So nährt er meine Resilienz.

Und ich, ich wachse und reife, geborgen in Gott, ein Leben lang.

Segenswunsch: Zuhause

Ich wünsche dir,
dass du einen Ort hast, an dem du zu Hause bist.
Guten Boden, in dem deine Hoffnungen keimen.
Licht von oben, in dem du dich entfalten kannst.
Dass du wachsen darfst,
deine Schönheit blühen darf
und deine Früchte in Ruhe reifen.
Damit du wirst wie Gott dich gedacht hat.

SEPTEMBER:
Schlüsselmomente des Lebens

Jesus Christus spricht: Wer sagt denn ihr, dass ich sei?
MATTHÄUS 16, 15 (L)

Mehr als ein Märchen

Man könnte diese Szene wie ein Märchen lesen:

Es war einmal ein Mann, dem gehorchten Wellen und Wind. Er ver-
mochte, Blinde sehend und Lahme gehend, ja, sogar Tote wieder lebendig zu machen. Menschen scharten sich um ihn, als erhofften sie, in seiner Nähe, ein Stück vom heilsamen Himmel zu erhaschen. Sie kamen
und wenn sie ihn gesehen oder berührt hatten, gingen sie wieder.
Zwölf Freunde jedoch blieben bei ihm. Immer waren sie in seiner Nähe.
Sie zogen mit ihm durch das Land, sie sorgten für Brot und Fisch und
manchmal bewachten sie seinen Schlaf.

„Ihr seid mir treu geblieben", sagte der Mann eines Tages zu seinen
Freunden. „Ihr kennt mich und habt mehr gehört und gesehen als alle

anderen. Darum will ich euch ein Rätsel aufgeben. Wer es lösen kann, der wird reich belohnt.
Und dies ist das Rätsel:
Wer sagt denn ihr, dass ich sei?"

Ein vorwitziger Hitzkopf, Simon Petrus genannt, platzt mit der Antwort heraus: „Du bist der Christus, des lebendigen Gottes Sohn!" (Matthäus 16, 16b (L)).

Rätsel gelöst!
Feierlich überreicht Jesus nun Simon Petrus die goldenen Schlüssel des Himmels und damit die Macht über sein Königreich.
Und wenn sie nicht gestorben sind, so leben sie noch heute.

Ja, man könnte diese Geschichte als Märchen lesen. Jesus aber hat aus sich selber kein Rätsel eines Gewinnspiels gemacht.
Ich glaube, seine Frage ist ehrlich gemeint.
Ich stelle mir vor, dass er sich selber oft nicht versteht; er kann das Rätsel nicht lösen, das er sich selber ist.

Und darum richtet er sich mit seiner Frage, die mir eine Kernfrage des menschlichen Lebens zu sein scheint, an seine Jünger: Wer sagt denn ihr, dass ich sei?

Jesus braucht die anderen als Gegenüber, als „Spiegel". Seine Jünger, sie kennen ihn, haben ihn begleitet, ihn von außen gesehen und so manches entdeckt, was ihm selber nicht bewusst ist.
Vielleicht können sie ihm zeigen, was sie sehen. Vielleicht lassen sich daraus Schlüsse ziehen, wer er ist.

Und dann passiert dieser Schlüsselmoment.
Bis heute erleben Menschen das: Da erschließt ein Gegenüber mir, wer ich bin. Sie oder er sagt etwas Entscheidendes, das mich ausrichtet, manchmal so, dass mein ganzes Leben sich wendet.

Auch vorher war alles schon da. Doch ist es das Wort, das es ins Dasein holt, der Name, einmal genannt: Du bist ...!

„Du bist der Christus, des lebendigen Gottes Sohn!", sagt Simon Petrus. Und Jesus spürt: Ja, das trifft mich, trifft, wer ich bin. Und nun verstehe auch ich.
Ausgerechnet dieser so aufbrausende und manchmal sogar unzuverlässige Jünger hat ihm erschlossen, wer er ist.

Ob er ihm darum die Schlüsselgewalt über den Himmel zutraut? Weil er hingeschaut und verstanden hat, sein Wesen erfasst und benannt hat? So hat Petrus ihm, Jesus, eine neue Tür geöffnet, die über das hinausweist, was bisher war.
Mehr als ein märchenhafter, ja, ein geradezu himmlischer Moment.

Gelöst und offen

Nicht nur Rätsel werden gelöst.
Auch Knoten. Und Fesseln.

Und ich,
wenn ich mich verstanden fühle.

Nicht nur Türen öffnen sich.
Auch Perspektiven. Und Wege.

Und ich,
wenn ich mich sicher fühle.

Gesehen werden

I.

„Sie sehen so traurig aus", sagt sie. Und nun spürt er es auch.
So lange hat er den Schmerz beiseitegeschoben. Ist einfach zur Tagesordnung übergegangen, hat sich in die Arbeit gestürzt. Wenn er nach Hause kam, hat er im Stehen gegessen und dann den Fernseher eingeschaltet.
Hat sich ein Bier geholt. Und dann noch eins. Bis er endlich bettschwer war.
Gut geschlafen hat er trotzdem meist nicht.

„Sie sehen so traurig aus."
Er ist im Urlaub. Lange hat er in der Inselkirche gesessen. Als er rauskam, ist ihm das Schild aufgefallen: Seelsorge.
Nun sitzt er hier. Aufmerksam schaut die Frau, die ihm gegenüber sitzt, ihn an.
„Sie sehen so traurig aus."
Er bemerkt den Kloß in seinem Hals. Spürt, wie er sich löst. Endlich dürfen die Tränen fließen.

II.

„Das kannst du aber gut." Sara setzt den Pinsel ab und sieht auf von ihrem Blatt Papier. Freundlich lächelt Herr Kramer sie an.
Nun schaut sie sich um, was die anderen machen. Elisa, wie sie sich abmüht, die Hand ihrer Figur gut hinzubekommen.
Und trotzdem sieht es ziemlich schief aus.
Bei Max stimmen die Farben nicht, das Grün ist viel zu grell.
Sie sieht es sofort, auch das, was die anderen nicht zu bemerken scheinen.

Dagegen ist ihr Bild tatsächlich schon ziemlich gelungen. Ganz zufrieden ist sie trotzdem nicht, das ist sie nie. Fast immer findet sie etwas, das noch besser sein könnte.

Und doch, sie versteht, was Herr Kramer meint. Ihr fällt leicht, womit andere sich abplagen müssen. Ihr gelingt, was andere trotz größtem Bemühen nicht hinbekommen.

„Du hast Talent", sagt Herr Kramer.
Was ihr so selbstverständlich erschien, wird besonders.

Gebet: Ausrichtung

Gott,
ich wüsste so gern, wer ich bin.
Immer noch, immer wieder suche ich,
und werde darüber ziellos und fahrig.

Schließ mich mir auf,
richte mich aus.

Sprich nur ein Wort,
nenn mich bei meinem Namen.
Und ruf mich neu,
wieder und wieder,
auf den Weg ins Leben,
zu dir.

Anders gesagt: Himmelsschlüssel

Ich glaube, dass es nicht ein einzelner Mensch ist, der die Nachfolge des Petrus antreten soll. Nein, die Schlüssel zum Himmel wurden nicht einem einzigen, ausgewählten Menschen anvertraut, der dazu noch männlich sein muss, sondern jeder und jedem von uns.
Sie statten uns nicht mit Macht aus, sondern mit Verantwortung.
In diesem Punkt bin ich überzeugte Protestantin: Es gibt ein Priestertum aller Glaubenden. Ich denke sogar, dass es nicht nur durch solche vertreten wird, die an Jesus Christus glauben, sondern durch alle Menschen, die an die Liebe glauben.

Die Himmelsschlüssel in der Hand zu haben, mutet uns zu, in der Liebe zu leben.
Dazu gehört, wie Petrus in die eigenen Abgründe zu schauen und die eigene Fehlbarkeit anzuerkennen. Das schmerzt. Doch fallen wir nicht ins Bodenlose, sondern werden gehalten von Gottes Liebe.

Wer die Liebe erfahren hat, lernt, sich in ihren Dienst zu stellen. Lernt, von sich selbst abzusehen und sich zu öffnen für die Kernfragen anderer Menschen und der Welt.
Die Liebe lässt uns Wesentliches erkennen, benennen und erfahrbar machen für andere.

So schließen wir hier und heute Türen auf, die hinausweisen über uns selbst, und öffnen Wege, mit denen der Himmel beginnt.

Segenswunsch: Schlüsselmomente

Gespräche wünsche ich dir,
in denen du verstanden wirst
und selber verstehst.

Begegnungen, durch die sich
neue Möglichkeiten eröffnen,
für dich oder dein Gegenüber.

Augenblicke, in denen
verfahrene Situationen sich klären
und zum Guten wenden.

Ich wünsche dir den Mut,
anderen Menschen
offen zu begegnen.

Als könntet ihr einander
den Himmel erschließen.

Wir sind es ja,
denen die Schlüssel
anvertraut sind,
du und ich.

OKTOBER:
Bewegende Worte

> Seid Täter des Worts und nicht Hörer allein; sonst betrügt
> ihr euch selbst.
> JAKOBUS 1, 22 (L)

Reisefragen, diesmal

Vor einigen Monaten sah ich eine Talkshow – es ging um mögliche Lo-
ckerungen in der Coronakrise. Die Urlaubssaison stand vor der Tür und
viele Menschen wollten endlich reisen, raus aus den eigenen vier Wän-
den, sich erholen von der erschöpfenden Zeit. Mir ging es auch so, ich
hatte Sehnsucht nach dem Meer.

Der Moderator befragte eine Frau, die sich in der Reisebranche auskann-
te. Sie informierte über Bedingungen und Gegebenheiten. Zum Schluss
erzählte sie, sie habe in diesem Jahr schon drei Reisen unternommen. Im
Sommer plane sie nun noch eine Fernreise.
Alle in der Runde lachten. Als wünschten sie „Gute Reise"!

Ich spürte, wie ich wütend wurde. Wie ist es möglich, die Coronakrise so
unabhängig vom Klimawandel zu betrachten, fragte ich mich. Als habe

beides nichts miteinander zu tun. Als hätten wir keinerlei Verantwortung für die Schöpfung und könnten bald wieder zur Tagesordnung übergehen, um – als sei nichts gewesen – weiterzumachen wie bisher.

Unter dem Zorn spürte ich in mir ziehend die eigene Sehnsucht nach Luftveränderung und dem Meer.

Ich denke zurück:
In den letzten beiden „Coronajahren" habe ich keine einzige Landesgrenze überschritten. Statt schnell, hoch und weit hieß es: Langsam, tiefgehend, nah. Als hätte ich statt des Panorama-Weitwinkel- das Teleobjektiv vor die Linse und das Leben genommen.

Ich bin so viel spazieren gegangen wie nie und habe ganz in der Nähe unbekannte Orte entdeckt. Ich habe genau hingeschaut und mir Gegenden vertraut gemacht. Die Streuobstwiese etwa, gar nicht weit weg, oben am Berg. Die krummen, knorrigen Stämme, jeder ein Original. Als die Bäume blühten, war ich an jedem Abend dort. Später konnte man den Äpfeln beim Wachsen zuschauen.
Diese immer gleiche Wiese, sie ist mir vertraut geworden (ach, kleiner Prinz, wie klug du warst). Ich schaue sie an mit impressionistischem Bewusstsein. Jeder Augenblick ist eine Momentaufnahme und einzigartig. Das Licht wandelt sich immerzu, ich kann meine Perspektive verändern, nur ein Schritt zur Seite reicht dazu aus. Und darum ist meine Wiese an jedem Tag eine andere. So wie ich selbst an jedem Tag eine andere bin.

Klar bin ich froh, wenn das Coronavirus besiegt oder jedenfalls eingedämmt ist. Und ganz sicher werde ich die eine oder andere Reise machen. Aber seltener und bewusster.

Ich will öfter mal zuhause bleiben und mir ins Gedächtnis rufen:
Ich muss, um Anderes zu sehen, nicht immerzu weit wegfahren. Auch Orte können zu Freund*innen werden, die mich immer neu überraschen,

an denen ich immer Neues entdecke. Genau schauen, sie mir vertraut machen, ja, das tut Not.

Aber nicht nur das: Es vertieft meine Wahrnehmung und bereichert mein Leben. Die Fußabdrücke, die ich dabei hinterlasse, schaden der Schöpfung nicht. Und sie führen mich selber zum Glück.

Gebet: Tatort

Gott, zärtliche Mutter,
an deinem Wort-Tatort
liegt keine Leiche,
fließt kein Blut und
auf der Haut hinterbleibt
kein einziger blauer Fleck.

An deinem Wort-Tatort
finde ich
Spuren des Himmels.
Die bringen Menschen ins Freie,
nicht in den Knast.

Ich will mich aufmachen,
um die Spuren zu sichern
und sie zu lesen.
Dingfest mache ich jene,
die sie legen.
Und dann vernehme ich sie.

Ich hör ihnen zu,
ihren Worten vom Himmel,
dessen Abdruck sie hinterließen
mit Händen und Herz
am Wort-Tatort.

Um dann selbst
Täter*in werden
des Wortes,
das nicht den Tod bewirkt,
sondern das Leben.

Segensmomente

Einen Moment
mich erinnern an

Worte,
die mich wachsen ließen,
Gesten,
die mir guttaten,
Blicke,
die mich segneten.

Einen Moment
mich fragen:

Wer wartet auf
mein Wort,
meine Geste,
meinen Blick?

Wer bin ich?

Filigrane Muster aus Blau und Grün, Weiß und Braun, die sich über eine schwebende Murmel ziehen: Faszinierend und überwältigend schön. So sieht die Erde von außen aus, aus dem All fotografiert. Deutlich sind die Erdteile erkennbar. Grenzen jedoch sind nicht zu sehen.

Auf dieser durch den Weltraum rasenden Erde leben wir Menschen. Fast acht Milliarden gibt es von uns. Junge und Alte, Dicke und Dünne, Helle und Dunkle. Jede und jeder von uns ist einzigartig. Mit einem Fingerabdruck, wie niemand anderes ihn hat. Mit einer Iris, die einen ganz eigenen Blick ermöglicht.

Und zwischen ihnen allen bin ich. Ein Mensch unter acht Milliarden. Manchmal frage ich mich: Was macht es schon aus, ob es mich gibt? Für Gott aber scheint jede und jeder wichtig zu sein. Hätte er uns sonst so einzigartig gemacht? Lauter Unikate. Sein Ebenbild.

Wer bin ich? will ich fragen. Was kann ich geben und tun, damit Gott erkennbar bleibt auf dieser schwebenden Murmel, auf der er wohnen will, mitten unter uns.

Wie Abraham

Doch, das
könnte passieren:

Dass einer mich ruft,
gerade dann,
wenn ich mich
zur Ruhe setzen will,
müde von den
Zumutungen des Lebens.

Dass einer mich lockt,
nicht hocken zu bleiben
im Sessel
alter Gewohnheiten,
der so vertraut
und gemütlich ist.

Dass einer mich segnet
mit neuen Wegen
und frischem Wind,
damit ich selber
zum Segen werde.

Segenswunsch: Bewegend

Dass dir
bewegende Worte begegnen,
wünsche ich dir.

Anrührend und sanft,
aufrüttelnd und ermutigend,
mitreißend und inspirierend.

Worte,
die dich in Bewegung setzen
für die große Bewegung Gottes,
der die Erde am Herzen liegt
mit allem, was auf ihr wohnt.

NOVEMBER:
Unfassbar, dieser Gott

Er allein breitet den Himmel aus und geht auf den Wogen des Meers. Er macht den Großen Wagen am Himmel und den Orion und das Siebengestirn und die Sterne des Südens.
HIOB 9, 8F. (L)

Jenseits der Fragen

Hiob singt eine Schöpfungshymne auf Gott.

Ausgerechnet er, der alles verloren hat.

„Ja", sagt er, „ich weiß es wohl: Gott hat alles gemacht, die Sterne, die Erde; Berge kann er versetzen, er ist es, der die Welt in seinen Händen hält."

Aber, und dann kommt der Haken: „Gerecht ist Gott nicht."

„Gerecht: Das müsste doch bedeuten: Es gibt einen Zusammenhang zwischen dem, was ich tue und dem, wie es mir ergeht. Gutes wird mit Gutem belohnt und Böses mit Bösem vergolten.
Ich bin immer ein frommer Mensch gewesen, das müsste Gott doch gefallen haben und er müsste mich spüren lassen, dass er mich liebt.

Aber es ist genau anders herum: Ich habe verloren, was ich liebe, arm und krank und elend bin ich. Wäre Gott gerecht, müsste doch ein Grund dafür erkennbar sein. Eine Antwort auf die Frage nach dem Warum."

Genau das behaupten die Freunde, die bei ihm sind, Elifas, Bildad und Zofar: „Hiob", fragen sie, „was hast du verbrochen? Es muss doch einen Grund geben, warum Gott dich so straft!"

„Nein!", sagt Hiob. Nachdrücklich und mit Ausrufezeichen: „Nein! Ich habe mir nichts zuschulden kommen lassen. Was ich erlebe, kann keine Strafe sein, die Gerechtigkeit herstellt."

„Die Frage nach dem Warum ist offen", behauptet er. Und so reißt er eine Lücke auf, die sich nicht einfach schließen lässt.
Das aber halten die Freunde kaum aus.

Bis heute ist diese Lücke da, die Frage nach dem Warum. Sie ist und bleibt offen. Kaum auszuhalten, kaum zu ertragen.
Denn immer noch, immer wieder wird diese Frage gestellt, wenn Menschen einen Schicksalsschlag erleben, der sie verzweifeln lässt.

Ein junger Mann stirbt bei einem Unfall: „Warum?"
Gäbe es eine Antwort, so ließe sich vielleicht Frieden schließen oder ein Sinn erkennen.

Eine Frau erkrankt schwer, monatelang liegt sie im Krankenhaus. „Warum?"
Gäbe es eine Antwort, so ließe sich vielleicht etwas machen, das Leben ließe sich wieder in die eigenen Hände nehmen.

„Warum?" Bis heute reißt diese Frage Lücken auf. Wegen ihr kämpfen Menschen mit Gott. Und oft genug wenden sie sich ab von ihm: „Mit einem Gott, der so ungerecht zu sein scheint, will ich nichts mehr zu tun haben."

Hiob geht einen anderen Weg. Er nimmt einen neuen Blickwinkel ein. Der zeigt eine andere Seite Gottes: den Schöpfer. Und was Hiob nun sieht, das bringt ihn zum Dichten. Er singt eine Hymne auf Gott:

„Er allein breitet den Himmel aus und geht auf den Wogen des Meers. Er macht den Großen Wagen am Himmel und den Orion und das Sieben-gestirn und die Sterne des Südens".

Ich frage mich:
Wenn ich das Bild aufgeben muss von einem Gott, der gerecht ist, wenn ich den Kampf gegen ihn nicht gewinnen kann und die Frage nach dem „Warum" ohne Antwort bleibt, hilft es dann, den ins Spiel zu bringen, der alles geschaffen hat? So, wie Hiob es tut?

Mit einem Gott, der die Welt geschaffen hat, ließe sich nicht länger rech-ten und kämpfen. Aber vielleicht fände sich eine andere Verbindung zu ihm.

Ich stelle mir vor, wie Hiob in den Sternenhimmel schaut. So wie auch ich es tue, an manchen Abenden. Unermessliche Weiten, Dunkelheit, in der ich mich verlieren könnte.
Und dann sind da Lichtpunkte. Sie bilden Muster, die ich nicht verstehe und dennoch als tröstlich empfinde. Ist es Gott, der sie in den Himmel schreibt?

Ich spüre: Vor den unendlichen Weiten kommt die Frage nach dem War-um an eine Grenze. Sie wird einmal enden. Dass sie ohne Antwort bleibt, verliert dann an Gewicht.

Wenn das Kämpfen, Fragen, Anklagen aufhört, entsteht der Moment, um mich trösten, ja, vielleicht sogar, um mich halten zu lassen.

123

Von einem schöpferischen Gott, dessen Größe sich nicht ermessen lässt. Und der doch einlädt, mit den Augen und Gedanken den Himmel entlang zu fahren. Großer Wagen, Orion, Siebengestirn, Sterne des Südens. Unendliche Weiten. Lichtpunkte in der Finsternis. Er hat sie gemacht, mit seinen Händen.

Hände, die mich umfangen, jenseits jeglicher Fragen, vor und hinter dem Horizont.

Den Himmel entlang

Schon immer
habe ich gern
ins Firmament geschaut.
Am Abend,
in sternklaren Nächten.

Bin den Himmel
entlanggefahren
mit meinen Augen.

Da war mir,
als lade eine mich ein:
Komm, steig ein,
wir fahren eine Runde
den Himmel entlang
in meinem großen Wagen.

Du warst meine Reiseführerin:
Schau da,
Siebengestirn und Orion.
Kassiopeia, Andromeda.

Als wir die Milchstraße verließen,
schwindelte mir.
Ich verlor mich,
winzig, wie ich war,
in unwägbaren Weiten.

Da spürte ich dich
neben mir:
„Ich bin da!“

Und ich ahnte:
Selbst am Ende der Welt
bin ich nicht allein.
Wo immer ich bin:
Du bist mir nah.

Anders gesagt: Ewigkeit

Wenn ich am Abend in den Sternenhimmel schaue, fühle ich mich so winzig und zugleich geborgen. Die Erde, sie ist umgeben von einem unendlichen All. Und doch geht mein Blick nicht in leeres Schwarz. Lichtpunkte sind da, Sterne, die sich zu Bildern zusammensetzen. Sie wecken meine Fantasie und lassen mich träumen.

Macht dieses unendliche All die Existenz eines göttlichen Wesens wahrscheinlicher? Oder eher unwahrscheinlicher? Ich weiß es nicht. Es gibt Fragen, die offen bleiben, ohne Beweis.

Mich macht ein Blick in den Himmel demütig. Klein bin ich und doch gehalten. Ich richte so wenig aus und doch bin ich manchen Menschen wichtig. Ich kann mich bergen in die Unendlichkeit des Alls. Doch habe ich sie nicht in meinen Händen.

Vielleicht ist es ähnlich mit ihr, die ich Gott nenne. Und der Sternenhimmel mit seinen Lichtpunkten in unermesslichen Weiten ist ein Kunstwerk, das über sich hinausweist in ihre Ewigkeit.

Wo ich geborgen bin

Die Augen schließen, ruhig werden.
Meinen Körper spüren.
Beine, Rücken, Bauch, Arme, Gesicht.
Loslassen, Entspannen.
Ruhig fließt mein Atem, verlässlich schlägt mein Herz.

Ich nehme wahr, was mich beschäftigt und bindet.
Ich lasse los und schicke es zum Himmel.

Ich spüre, wie ich zur Ruhe komme und es still wird in mir.
Ich stelle mir einen Ort vor, an dem es mir gutgeht.
Bilder entstehen vor meinen Augen.
Wärme breitet sich aus in mir.
Ich berge mich, lehne mich an, lasse mich halten.
Hier ist gut sein, hier darf ich verweilen.

Wenn ich dazu bereit bin, verabschiede ich mich von meinem Ort.
Ich weiß: Ich kann jederzeit zurückkehren zu ihm.

Ich öffne die Augen.
Ich schüttele meine Arme und Beine aus und strecke mich.
Ich schaue mich um.
Hier bin ich.

Gebet: Staunen

Gott, unermesslich bist du!
Manchmal steh ich vor Staunen stumm:

Schaue ich Schnee an, zum Beispiel,
sehe ich nur eine Flocke
und weiß doch:
Gefroren ist ein Wassertropfen
und hat sich ausgedehnt dabei.

Wären meine Augen ein Mikroskop,
so sähe ich einen kristallenen Stern.

Eine Flocke nur
unter Millionen, ja, Milliarden.
Und doch ist sie keiner anderen gleich.
Winzig ist sie
und zieht mich doch
in die unendliche Weite der Welt.

Ich ahne, dass deine Kraft
schöpferisch ist, zärtlich
und verliebt ins Detail.
Dafür danke ich dir.

Und bitte dich:
Lass mich das Staunen
niemals verlernen.

Segenswunsch: Raum und Zeit

Die Weite der Welt
kann beunruhigend sein.
Und manchmal bedrängen dich
die Fragen nach Morgen.

Ich wünsche dir,
dass du zuweilen
loslassen kannst.

Um dich zu bergen
bei ihm,
der Raum und Zeit
in seinen Händen hält.

DEZEMBER:
In guten Händen

Meine Augen haben deinen Heiland gesehen, das Heil, das
du bereitet hast vor allen Völkern.
LUKAS 2, 30F. (L)

Simeon – ein Bilderbogen

Hände. Männerhände. Altersfleckig und mit hervortretenden Adern.
Ihre Haut ist müde, dünn und erstaunlich weich.
In den Händen ein Baby. Behutsam und doch fest umschließen die run-
zeligen Hände den kleinen Körper. Als hielten sie einen Schatz.

Ich stelle mir vor, wie der Alte das Baby anschaut. Die Zeit hat sich in
sein Gesicht gegraben, hat ein ganzes Leben hinein gemalt. Man sieht,
dass sie ihr Werk fast vollendet hat. Aber noch steht etwas aus.

Simeon, wie gern würde ich mit dir sprechen. Die Bibel erzählt wenig
von dir.
So male ich mir aus, was die Zeit gesehen hat, die dein Gesicht zeichnete.
Weit muss ich da gehen, etwa achtzig Jahre zurück.

131

Damals hat die Zeit schon einmal ein Baby gemalt: dich. Mit glatter und weicher Haut. So klein und zart wie das Kind, das du viel später in den Händen halten wirst.

Ob du auch der Erstgeborene warst, Simeon? So wie Jesus? Ich weiß es nicht. Gewiss bist du nach der Sitte deines Volkes beschnitten worden. An diesem Tag gaben deine Eltern dir deinen Namen: Simeon. Einer der Söhne Jakobs, der Stämme Israels, hieß so. Simeon: „Gott hat erhört".

Ich blättere weiter im Album der Zeit. Sie hat dir den Körper nun knochig gemalt, von Babyspeck keine Spur mehr. Die Gliedmaßen streckten sich. Deine Stimme brach und wurde tief.

Du stehst im Tempel, vorne, in einen Gebetsmantel gehüllt, Gebetsriemen um Arm und Stirn gebunden, eine Schriftrolle in den Händen. Ein linkischer und doch ernster Junge, der feierlich aus den überlieferten Texten rezitiert. Du bist dreizehn Jahre alt und giltst jetzt als erwachsen. Ob du auch schon über die Schriften diskutiert hast wie der, den du in den Händen halten wirst, das später tat? Auf jeden Fall waren sie dir vertraut. Du kanntest das alte Lied aus dem Jesajabuch, das in vielen die Hoffnung auf einen Erlöser weckte:

„Siehe, das ist mein Knecht – ich halte ihn – und mein Auserwählter, an dem meine Seele Wohlgefallen hat. Ich habe ihm meinen Geist gegeben, er wird das Recht unter die Heiden bringen" (Jesaja 42, 1).

Die Zeit malt weiter, malt einen jungen Mann mit muskulösem Körper. Dein Gesicht ist voller geworden, schwarze, schulterlange Haare rahmen es ein. Deine Augen aber sind dunkel und brennend von dem, was sie sehen mussten: Die Römer sind vorgerückt bis nach Jerusalem, haben die Stadt belagert und eingenommen. Sie haben ein Blutbad angerichtet. Dann sind sie in den Tempel eingedrungen. Ihr Feldherr Pompeius entweihte, was euch das Heiligste war.

Du hast gelitten, Simeon. Gott hat erhört, so lautet dein Name. Nun machte er dich zu einem Fragenden. Zu einem, den hungert nach einer Antwort. Gott, der du uns einen Erlöser versprichst, wo bist du? Komm zu uns und zeige dich!

Wenn ich weiter blättere, sehe ich dich im Kreis deiner Familie. Ich kann mir dich nicht ohne Kinder vorstellen, Simeon. Du musst gewusst haben, wie man ein Baby in Händen hält. Behutsam und doch fest. So, dass es Vertrauen ins Leben gewinnt.

Im Land herrschte beständiges Chaos, ein Hin und Her derer, die nach Macht strebten. Deine Kinder aber ließen dich spüren: Immer noch hat die Liebe guten Boden.

Vielleicht waren sogar sie es, die dich ahnen ließen, dass Gott ganz anders kommt, als man ihn oft erwartet. Dass er ganz zart sein kann. Zart und kraftvoll zugleich.

Und die Zeit malt, unermüdlich ist sie am Werk. Manchmal bemerken wir ihre Pinselstriche kaum. Wir nehmen oft nur die fertigen Bilder wahr: wie ein Mensch gealtert ist.

Ich sehe, wie sie dir den Rücken gebeugter malt. Die Schläfen schraffiert sie grau. Deinen Bart durchwirkt sie mit Silberfäden. Schwer liegt die Last der römischen Herrschaft dir und deinem Volk auf den Schultern. Doch deine Hoffnung, sie wollte sich nicht unterkriegen lassen, sie resignierte nicht.

Gott würde eine Antwort geben, so, wie dein Name es verhieß.

Und dann kam der Tag, an dem du plötzlich wusstest: Heute ist es so weit. Ich muss in den Tempel gehen.

Da war diese junge Familie mit ihrem erstgeborenen Kind. Jesus: Gott ist Hilfe. Dein Herz klopfte, als sei es schon sicher: Das ist er, auf den du gewartet hast.

Als hätte dein ganzes Leben dich vorbereitet auf diesen Tag.

Ach, Simeon, alter Mann. Du darfst noch einmal ein Kind in den Händen halten. Behutsam und fest. Ich stelle mir vor, wie es seine Finger in deinen grauen Bart gräbt und dich zum Lachen bringt. Dein runzliges Gesicht leuchtet. Zärtlich streichst du dem Kind über die Stirn und die Wangen. Und berührst zugleich deine Hoffnung, die sich endlich erfüllt.

Zart fühlt sie sich an, verwundbar wie Babyhaut. Klein und doch kraftvoll. Entschlossen zu wachsen und sich auszubreiten bis in den letzten Winkel der Erde.
Sie fühlt sich an wie das Leben, das gerade beginnt.

Dann beginnst du zu singen, mit brüchiger Stimme:
Von der Hoffnung, die man manchmal nur einen Moment lang in der Hand hält und die nun eine Zukunft zeigt. Als Land, in dem es sich leben lässt – ein Friedensreich.

Ich stelle mir vor, wie du einen letzten Blick auf das Kind wirfst. Dann gibst du es den Eltern zurück und segnest ihre kleine Familie. Du ahnst ja, dass es nicht leicht für sie wird. Die Geister werden sich an diesem Kind scheiden, die Meinungen sich teilen. Es wird ein harter Weg, der vor ihm liegt. Aber Gott wird in ihm zuhause sein.

Dein ganzer alter Körper ist erfüllt von dieser Begegnung. Simeon: Gott hat erhört. An diesem Tag verschmilzt dein Name mit dir.

Am Ende sehe ich wieder die Hände. Ihre dünne, müde Haut. Altersfleckig und weich. Gebetet und gesegnet haben sie. Genommen, gegeben und gehalten. Jetzt sind sie leer. Sie haben losgelassen. Es war genug.

Die Zeit malt ein letztes Bild: Simeons Gesicht. Sie malt seine Züge entspannt. Einen Mund, der noch zu lächeln scheint. Auf den Lidern, die sich geschlossen haben, ahnt man ein Leuchten.
Simeon hat das Kind in seinen Händen gehalten. Jetzt hält es ihn. Die Zeit aber legt den Pinsel aus der Hand und tritt zurück. Ihr Werk ist vollendet. Hinter dem Bild glänzt die Ewigkeit.

In guten Händen

Loslassen
die Frage,
die Sorge,
den Kummer.

Zur Ruhe kommen,
heute, einmal.

Weil die Welt
und ihr unwägbares Morgen
bei diesem Kind
in guten Händen sind.

Loslassen üben

Am ersten Adventskranz leuchteten vierundzwanzig Kerzen, nicht nur vier. Eine kleine rote Kerze für jeden Wochentag, eine große weiße für die Sonntage im Advent.

Johann Hinrich Wichern erfand diesen Kranz für die Kinder des „Rauhen Hauses" in Hamburg. Dort wohnten Mädchen und Jungen, denen Schweres widerfahren war. Jeden Advent warteten sie sehnsüchtig auf Weihnachten.

Der Adventskranz zeigte, wie lange es noch dauerte bis zum Heiligen Abend. Aber er zeigte noch mehr: Heller und heller wurde es im Betsaal, wo die Hausgemeinschaft sich an jedem Abend versammelte. Das Kerzenlicht vertrieb die Dunkelheit.

Und so wurde der Adventskranz mit seinen Lichtern ein Symbol für das, was geschieht, wenn der Himmel die Erde streift.

Advent: Zeit, um auf das Licht zu schauen, wie es wächst.

An jedem Tag bis zum Heiligen Abend kann ich versuchen, bewusst etwas loszulassen, was mein Leben verdüstert. Kann mich erinnern an das Licht, das in die Dunkelheit hineinwächst, bis es endlich Weihnachten wird.

Vielleicht schreibe ich mir auf einen Zettel, was schon zu lange zu viel Raum einnimmt und was ich gerne abgeben möchte:

Eine Sorge, die in mir kreist.
Schuld, die ich mir nicht verzeihen kann.
Eine Kränkung, die mich bitter macht.
Einen Groll, den ich hege.
Trauer, die in mir erstarrt ist.
Zweifel, die mich zermürben.

Dann zünde ich eine Kerze an für das, was ich an diesem Tag dem Himmel überlassen möchte.
Nimm dich meiner an. Schenk Licht für die Dunkelheit in mir.

Zum Schluss lege ich den Zettel beiseite, ja, vielleicht zerreiße ich ihn sogar.

Nein, auf diese Weise wird nicht alles Schwere verschwinden. Und doch spüre ich: Es tut gut, bewusst anzuschauen, was mein Leben düster macht, und es dann Gott anzuvertrauen, seiner Liebe, die es verwandelt.

Und manchmal ist es, als wachse sein Licht auch in mir.

Das Jahr aus den Händen geben

Am Jahresende stelle ich mir vor, ich könnte das vergangene Jahr noch einmal in die Hände nehmen und betrachten: 365 Tage, Zeit meines Lebens.

Ich sehe das Gute, das mir widerfahren ist:

Begegnungen, die mich verändert haben,
Tage, die sich leicht anfühlten,
Vorhaben, die gelungen sind,
kleine Wunder, mit denen nicht zu rechnen war,
Vergnügungen, alltägliche und besondere.

Ich schaue auch das an, was schwer war:

Ein Abschied, der mich traurig macht,
Mühe, die vergeblich war,
Tage, die ich vergessen möchte,
eine Last, die mir schwer auf den Schultern liegt,
manches, das offen geblieben ist.

All das ist gewesen, es gehört zu meinem Leben.
Am Jahresende bringe ich es vor sie, die ich Gott nenne.

Ich freue mich über das Schöne und danke dafür. Ich möchte es in meiner Erinnerung bewahren wie in einer Schatztruhe.

Das Schwere versuche ich loszulassen und in ihre Hände zu geben. Damit sie es verwandle und mich wachsen lasse daran.

Am Jahresende das Jahr noch einmal in den Händen halten. Mich halten an Gott, die mich und meine Zeit in ihren Händen hält.

Gebet: Zum Jahresende

Gott, ewig bist du.
Wieder ist ein Jahr vergangen,
Zeit aus deiner Ewigkeit.

In deine Hände lege ich,
was sich nicht halten lässt,
und bitte dich:
Lass meine Schritte leichter werden.

Was bruchstückhaft blieb,
vertraue ich dir an
und bitte dich:
Vollende es.

Schenk mir
eine genaue Erinnerung an das,
was gut war und gelang,
damit ich es in mir trage
als Schatz in meinem Herzen.

Segenswunsch: Sinnerfüllt

Manchmal sind es Momente nur,
die sich doch einprägen
als wollten sie reichen
für ein ganzes Leben.

Ein Wort findet dich.
Du findest ein Wort.
Du wirst angesehen
und fühlst dich verstanden.
Du siehst an
und verstehst.

Ich wünsche dir Momente,
die deine Zeit aufleuchten lassen
und sie erfüllen mit Sinn.

QUELLENVERZEICHNIS

Notizen